D1670289

Werner Beutelmeyer & Christian Fuchs

PATRIARCHAT VERSUS STREICHELZOO

Wie ticken Familienunternehmen wirklich?

Autoren und Verlag haben alle Texte in diesem Buch mit Sorgfalt erarbeitet. Dennoch können Fehler nicht ausgeschlossen werden. Haftungen des Verlages oder der Autoren, gleich aus welchem Rechtsgrund, sind ausgeschlossen.

ISBN 978-3-903254-13-8

Verlag: medianet Verlag AG, Brehmstraße 10, 1110 Wien

Herausgeber: Prof. Dr. Werner Beutelmeyer, Dr. Christian Fuchs, MBA, CSE
Für Fragen und Anregungen: christian@fuchs-consult.at

Grafisches Konzept: Werbeagentur WerbeConnection,
Dipl. Komm. Kfm. Peter Lemmerer

Lektorat: MMag.ª Brigit Höfler, MBA

Das Werk und seine Teile sind urheberrechtlich geschützt. Jede Verwendung in anderen als den gesetzlich zugelassenen Fällen bedarf der vorherigen schriftlichen Einwilligung der Herausgeber. Die Herausgeber haben sich bemüht, die Copyright-Inhaber aller verwendeten Zitate, Texte, Abbildungen und Illustrationen genau zu ermitteln. Bei Einwänden bitte um Kontaktaufnahme mit den beiden Herausgebern. Danke an Susanne Wolf für die umsichtige Bearbeitung der Texte.

© 2018

Printed in Austria

„Die erste Generation verdient das Geld,
die zweite verwaltet das Vermögen,
die dritte studiert Kunstgeschichte und
die vierte verkommt vollends.“

(Otto Eduard Leopold Fürst von Bismarck)

PROF. DR. WERNER BEUTELMEYER

Prof. Dr. Werner Beutelmeyer ist seit den 80er-Jahren in der Marktforschung tätig. Sein market-Institut in Linz zählt zu den bedeutendsten Marktforschungsinstituten in Österreich. Namhafte Markenartikelhersteller und zahlreiche bekannte Unternehmen sowie Industrie und öffentliche Institutionen zählen zu seinen Kunden.

Zudem ist Prof. Dr. Beutelmeyer auch ein gefragter Experte auf dem Gebiet der Politikforschung und häufig zu Gast bei heimischen Medien. Er ist Lehrbeauftragter und Lektor an der Universität Salzburg, der Johannes Kepler Universität Linz sowie der Universität Innsbruck. Er verfasste zahlreiche Fachartikel zu methodischen Themen und über den Wertewandel in der Gesellschaft. Besonders intensiv beschäftigte er sich mit der Konjunkturrelevanz von sozialpsychologischen Indikatoren und konnte den Zusammenhang zwischen Stimmung und Konjunktur nachweisen. Unter anderem publizierte er mehrere Marketingbücher wie etwa den Bestseller „Die Marke ICH".

DR. CHRISTIAN FUCHS, MBA, CSE

Der Jurist, Betriebswirt und diplomierte Management Coach begleitet Unternehmerfamilien auf dem Weg zur Familienverfassung.

Der Experte für Familienunternehmen verfügt über umfangreiches Fachwissen und jahrzehntelange Erfahrungen im Topmanagement von eigenen Unternehmungen, Interessenvertretungen sowie Verbänden auf nationaler und internationaler Ebene. Sämtliche Fragestellungen rund um das Thema Familienunternehmen behandelt Christian Fuchs praxisorientiert und umsichtig – die Interessen aller Beteiligten finden Berücksichtigung. Als gefragter Business Coach werden in Einzel- und Team Coachings unter anderem die Themen Führung, Vision und Zielmanagement, Strategie, Konfliktklärung, Change und Transformation, Stressmanagement, Motivation und Kommunikation, an die Anforderungen von Unternehmen und Teilnehmern individuell und lösungsfokussiert angepasst.

Inhalt

„Die erste Generation verdient das Geld, die zweite verwaltet das Vermögen, die dritte studiert Kunstgeschichte und die vierte verkommt vollends."

(Otto Eduard Leopold Fürst von Bismarck)

Ludwig Wartl (Wartl Maschinenfabrik und Anlagenbau GmbH)

„Die erste Generation verdient das Geld, die zweite verwaltet das Vermögen, die dritte studiert Kunstgeschichte und die vierte verkommt vollends"

(Otto Eduard Leopold Fürst von Bismarck)

Ludwig Wartl (Wartl Maschinenfabrik und Anlagenbau GmbH)

„Darf ich dich kurz stören?" Walter streckte seinen Kopf in das Zimmer, in dem sein Vater in die Arbeit vertieft am Schreibtisch saß. Der blickte kaum auf, sein Kopf war tief über die Unterlagen gebeugt. Das Zimmer war stickig, die Glatze des Vaters glänzte vor Schweiß. Walter versuchte den Drang zu unterdrücken, die Türe so leise wie möglich wieder zu schließen und sich davon zu machen. „Vater?" – „Was denn?" Die Stimme von Ludwig Wartl klang ungehalten.

Er hob den Kopf, blieb aber in derselben gebückten Haltung sitzen und sah seinen Sohn mit gerunzelter Stirn an. Er wirkte wie ein Habicht, der jeden Moment auf seine Beute herunterstößt, schoss es Walter durch den Kopf. Aus dem Mund des Vaters wehte eine Alkoholfahne zu Walter herüber. „Ich würde gerne mit dir reden, wenn es dir recht ist." Schnaufend lehnte Ludwig Wartl sich im Bürostuhl zurück, lockerte seine Krawatte und strich sich über die Glatze. „Verdammt heiß hier drin", murmelte er und nahm einen Schluck aus seinem Whiskeyglas. „Magst du auch?" Walter schüttelte den Kopf, obwohl er etwas Entspannung wahrlich nötig gehabt hätte. „Nun komm schon rein!" Die Stimme seines Vaters klang ungehalten und Walter gab sich einen Ruck, um die Tür hinter sich zu schließen. Er nahm auf dem Stuhl gegenüber seinem Vater Platz.

Ludwig Wartl junior, Herrscher über das Imperium Wartl Maschinenfabrik und Anlagenbau GmbH, verschränkte die Arme und sah seinen Sohn stumm an. „Es geht um die Firma", sagte Walter leise. „Genauer, um die Übernahme." Walter zupfte nervös an seinem Hemdkragen. „Was willst du mir sagen?" Ludwig Wartl hatte keine Zeit zu verlieren, das nächste Meeting sollte in einer halben Stunde beginnen. „Ich, ich habe es mir überlegt und werde das Wirtschaftsstudium abbrechen. Ich möchte nicht ins Geschäft einsteigen." Die Stille im Raum wurde nur durch das Summen einer Fliege unterbrochen, die die Nase des Firmenchefs umkreiste. Ludwig Wartl wedelte ungeduldig mit der Hand vor seinem Gesicht herum. „Ich dachte mir schon so etwas. Der Herr Sohn hat wohl Besseres vor?" Der Sarkasmus in seiner Stimme war schneidend und Walter zuckte zusammen. „Du weißt ja, dass ich Schauspieler werden möchte." Sein Vater sah ihn stumm an, die Arme verschränkt, Schweißperlen glänzten auf seiner Stirn. „War das dein letztes Wort?" – „Ja, ich denke schon." Walter bemühte sich, seine Stimme entschlossen klingen zu lassen, was ihm in der Gegenwart seines Vaters schwerfiel. „Sonst noch etwas?" Ludwig Wartl hatte seine Arbeit wieder aufgenommen und sah seinen Sohn nicht mehr an. „Ich..." Walter verstummte, stand auf, wartete noch kurz – sein Vater würdigte ihn keines Blickes mehr – und ging aus dem Zimmer. Auf dem Weg zurück zum Wohnhaus seiner Eltern rief er seinen jüngeren Bruder an. „Hallo Martin, ich habe gerade mit Vater gesprochen. Du wirst der neue Chef. Das ist es doch, was du immer wolltest, oder?" Ohne eine Antwort abzuwarten, legte er auf.

Die Kirche von Frohnsdorf war bis auf den letzten Platz besetzt, vom Bürgermeister bis zum Obmann des Trachtenvereins waren alle gekommen. Während der Pfarrer die Vorzüge des verstorbenen Firmengründers Ludwig Wartl senior pries, versuchte seine Familie auf den Kirchenbänken Einigkeit zu demonstrieren. Ein aussichtsloses Unterfangen: Die Wartls waren für ihre öffentlich ausgetragenen Konflikte bekannt. Walter sah zu seinem Bruder Martin und dessen Zwillingsschwester Sandra hinüber. Beide starrten mit versteinerter Miene geradeaus. Hinter ihm hörte er ein Flüstern: „Wer wird denn jetzt die Firma weiterführen? Der Säufer wird das wohl kaum alleine schaffen." Walter schloss die Augen und hätte sich am liebsten unsichtbar gemacht. Auch wenn das Verhältnis zu seinem Vater angespannt war, hasste er es doch, die Leute auf diese Weise über ihn reden zu hören. Er blendete das Flüstern aus und dachte daran, wie nahe seinem Großvater die Alkoholsucht des Sohnes gegangen war.

Ludwig Wartl senior hatte die Firma nach dem Krieg aufgebaut und dafür gelebt – ob sein Sohn ebenfalls zum Unternehmer geboren war, hatte er allerdings nie in Frage gestellt. Eines Abends, als Walter mit seinem Vater zusammengesessen war – was selten genug vorkam –, gestand der ihm, dass er immer davon geträumt hatte, Arzt zu werden. Er hatte keine Wahl gehabt. Umso schwieriger musste es für ihn sein, zu sehen, dass der älteste Sohn nun seinen eigenen Lebenstraum verwirklichen würde – etwas, was Ludwig Wartl junior versagt geblieben war. Dass der Firmengründer, obwohl längst in Pension, sich ständig in die Unternehmensführung seines Sohnes einmischte, machte die Sache nicht einfacher. Egal, was Ludwig Wartl junior machte, welche Entscheidungen er traf, sein Vater hatte immer etwas daran auszusetzen.

Walter wurde durch den Gesang aus seinen Gedanken gerissen, die Gemeinde hatte das Vaterunser angestimmt. Lustlos bewegte er die Lippen mit und wartete auf das Ende der Messe.

Draußen vor der Kirche war schon der Rest der Familie versammelt und Walter zündete sich eine Zigarette an. Er inhalierte tief, es konnte nicht lange dauern, bis der nächste Streit anstand. Nun da der Großvater tot war, ging es um die Aufteilung seines Erbes. Walter hatte die Konflikte in seiner Familie satt, am liebsten hätte er sich aus dem Staub gemacht. Sehnsüchtig dachte er an die Wohngemeinschaft seines Freundes in Wien, der er hoffentlich bald angehören würde – sobald er die Aufnahmeprüfung an der Schauspielschule geschafft hatte. Doch vorher galt es, die Details seines Verzichtes auf die Unternehmensführung zu regeln. Sein Bruder Martin turtelte gerade mit einer Unbekannten – nicht einmal beim Begräbnis seines Großvaters konnte er sich beherrschen. Angewidert drehte Walter den Kopf weg und blickte geradewegs in das Gesicht seiner Schwester. „Na, du verkannter Hollywoodstar, weißt du überhaupt noch, wie eine Kirche von innen aussieht?" Sie trug einen Hut, den eine riesige Pfauenfeder schmückte, und ein provokantes Grinsen im Gesicht. „Ach, lass mich in Ruhe." Walter ging hinüber zu seiner Mutter, die etwas abseits der anderen stand und verloren wirkte. Seit sie nach der Scheidung fortgezogen war, sahen sie sich nur noch selten. Walter umarmte seine Mutter und sah sie aufmunternd an. „Na, alles gut überstanden?" – „Ach, ich frage mich, weshalb ich eigentlich gekommen bin", murmelte seine Mutter.

Von der Verfügung seines Großvaters erfuhr Walter einige Tage später, als er beim Wirten ein Bier trank. Am Stammtisch war der Tod des Firmengründers das Thema Nummer eins und wenn Walter den Gesprächen glauben konnte, hatte der sein gesamtes Vermögen zu gleichen Teilen seinem Bruder und seinem Sohn vermacht. Es war nicht das erste Mal, dass Walter Neuigkeiten aus der Familie im Wirtshaus erfuhr. Sein Vater und die Geschwister hüllten sich ihm gegenüber gerne in Schweigen. Walter ahnte bereits, was nun passieren würde: Sein Großonkel würde dem Vater das Geld streitig machen, und Walter traute seinem Bruder zu, dass der ebenfalls gegen den eigenen Vater intrigieren würde. Und dann war da noch Renate Wartl, Walters Mutter, die zu einem kleinen Teil an der Firma beteiligt war. Sie alle wussten um die Alkoholsucht des Firmenchefs Bescheid, auch wenn dieser sie stets abgestritten hatte. Ludwig Wartl junior stand im Verdacht, Geld veruntreut und durch Schlampereien das Vermögen des Unternehmens aufs Spiel gesetzt zu haben. Es war nicht nur einmal vorgekommen, dass Walter seinen Vater sturzbetrunken beim Wirten abholen musste, weil der nicht mehr gerade gehen konnte.

Sein Bruder wartete indessen nur auf einen günstigen Zeitpunkt, um seinen Vater vom Thron des Firmenimperiums zu stürzen und tat alles, um ihn zu diskreditieren. In seinem Lebenswandel stand Martin dem Vater um nichts nach: Er wechselte die Frauen so oft wie seine Anzüge und lebte auf großem Fuß. Er hatte sich geweigert, ein Studium zu beginnen, so wie Ludwig Wartl junior das erwartet hatte, und verbrachte seine Zeit mit Golf und Pferderennen. Walter hatte so gut wie nichts mit seinem Bruder gemeinsam: Er interessierte sich für das Theater und verbrachte seine Freizeit damit, alte Schwarz-Weiß-Filme anzusehen. Bei den seltenen Familientreffen beschränkten sich die Brüder auf oberflächlichen Small Talk. Walter versuchte seinem Bruder aus dem Weg zu gehen, was in einem so kleinen Ort wie Frohnsdorf kaum möglich war.

Am Stammtisch ging es nun um Ludwig Wartl junior und keiner scherte sich um Walters Anwesenheit. Auch das war nichts Neues: Walter Wartl verstand es blendend, sich unsichtbar zu machen und Menschen zu beobachten, ohne dass die es merkten. Die Diskussion der bereits Angeheiterten wurde immer lauter. Alle redeten durcheinander: „Ohne seinen Vater wird der Trunkenbold es nicht schaffen", „Die Söhne sind doch zu nichts nütze", „Ich wette, er wird das Unternehmen verkaufen". Martin hatte genug gehört, er trank sein Bier aus und ging in die sternenklare Nacht hinaus. Die kalte Luft tat ihm gut und er machte große Schritte, den Kragen seiner Jacke hochgestellt und die Hände in den Taschen vergraben. Er ging in Gedanken das bevorstehende Treffen mit seinen Geschwistern durch, bei dem es um die Zukunft des Familienunternehmens gehen würde.

Walter kam einige Minuten zu spät zum Treffen und sah gerade noch, wie seine Geschwister auseinanderfuhren, als ob sie etwas zu verbergen hätten. Martin und Sandra waren Geschwister, wie sie unterschiedlicher nicht sein könnten. Niemand hätte vermutet, dass sie Zwillinge waren. Sie waren durch eine Form der Hassliebe verbunden, die auf Außenstehende befremdlich wirken konnte, innerhalb der Familie aber mit einer gewissen Nachsicht betrachtet wurde. „Sie lieben und sie necken sich", pflegte ihre Mutter zu sagen und verschwieg dabei, dass aus dem Necken oft aggressionsgeladene Konflikte entstanden, die nicht selten in Handgreiflichkeiten ausarteten. Minuten nach dem Streit waren die Zwillinge jedoch wieder ein Herz und eine Seele und schworen einander ewigen Frieden.

Walter zog seine Jacke aus und setzte sich zu den beiden an den Tisch, um direkt zur Sache zu kommen: „Ihr wisst ja schon, dass ich auf die Firmenübernahme verzichte, wie soll es nun weitergehen?" Martin zündete sich eine Zigarette an und lehnte sich in seinem Stuhl zurück. „Ich habe bereits mit Vater gesprochen und er ist bereit, den Chefsessel abzugeben." Sandra lachte nervös und Walter wusste, dass hier etwas nicht stimmte. „Ich dachte, es war vereinbart, dass er noch zumindest zwei Jahre bleibt?" – „Ja, das war vereinbart, aber er hat seine Meinung geändert." Martin hatte ein selbstgefälliges Lächeln aufgesetzt und blies den Rauch seiner Zigarette in Walters Richtung. Der sprang auf und öffnete das Fenster. „Was soll das heißen?" Walter blieb stehen und versuchte, im Gesicht seines Bruders zu lesen. Er wusste, dass er etwas im Schilde führte.

Ein vertrautes Schuldgefühl stieg in ihm auf, das Bewusstsein, seinen Vater im Stich zu lassen. „Du weißt doch, dass unser Vater nicht mehr in der Lage ist, die Firma zu führen", schaltete Sandra sich ein. Walter sah Martin verständnislos an. „Wie willst du ein Unternehmen führen, wenn du nicht einmal bereit bist, Verantwortung zu übernehmen?" Walter bemühte sich, Ruhe zu bewahren, was ihm angesichts seines Bruders schwerfiel. Der hatte nun seine Beine auf den Tisch gelegt und blies den Zigarettenrauch weiterhin in Walters Richtung. „Und was ist mit Großvaters Erbe? Wirst du ihm das auch noch streitig machen? Und was sagst du eigentlich dazu, Sandra?" Seine Schwester biss sich nervös auf die Lippen und warf Martin einen unsicheren Blick zu. Walter lehnte sich aus dem Fenster, um seine Fassung wieder zu erlangen – draußen war es bitterkalt. Als er sich umdrehte, stand Martin direkt vor ihm, seine Augen waren zu zwei kleinen Schlitzen zusammengekniffen. „Du wirst hier bald überhaupt nichts mehr zu sagen haben." Ohne ein weiteres Wort drehte er sich um und verließ das Zimmer. Sandra lief ihm nach und ließ Walter alleine zurück.

Als Walter einige Tage später den Vorraum des Notariats betrat, war die gesamte Familie bereits versammelt. Er begrüßte seinen Vater, der aussah, als ob er die Nacht durchgemacht hatte und würdigte seinen Bruder keines Blickes. Nach wenigen Minuten öffnete der Notar seine Tür und bat die Familie herein. Dr. Ernst Falk war ein langjähriger Freund der Familie, der mit dem Vater regelmäßig zur Jagd ging. Er bat die Anwesenden, Platz zu nehmen, und räusperte sich dann. „Es geht heute um die Verlassenschaft von Ludwig Wartl senior." Er zeigte auf seinen Schreibtisch und sagte: „Ich habe hier den letzten Willen ihres Vaters und Großvaters." Dr. Falk sah Ludwig Wartl junior kurz an, als ob er ihn direkt ansprechen wolle und wandte sich dann wieder an alle Anwesenden. „Wie alle wissen, hatte Ludwig Wartl senior die Hälfte der Unternehmensanteile inne. Er vererbt sein Vermögen zu gleichen Teilen an seinen Bruder Josef und seinen Sohn Ludwig." Wieder sah Dr. Falk Walters Vater kurz an. „In seinem Testament hat er für klare Verhältnisse bezüglich der Aufteilung der Firmenanteile gesorgt die, so meine ich, entgegen den Erwartungen der Anwesenden sein werden." Dr. Falk verlas das Testament und Stille machte sich im Raum breit. Walter hörte, wie sein Vater nach Luft schnappte und sah zu Martin hinüber. Der starrte aus dem Fenster und ließ sich nichts anmerken. Alles Weitere erlebte Walter wie durch einen dichten Nebel. Als die Familie schließlich aufstand, um sich von Dr. Falk zu verabschieden, hatte sich ein Gedanke in seinem Kopf festgesetzt: Er musste fort von hier, so schnell wie möglich.

(Die Geschichte ist frei erfunden. Jede Ähnlichkeit mit lebenden oder bereits verstorbenen Personen ist rein zufällig und nicht beabsichtigt.)

Familienunternehmen

– mit Fluch und Segen dem Gegenwind die Stirn bieten

Familienunternehmen – mit Fluch und Segen dem Gegenwind die Stirn bieten

Die Geschichten über Familienbetriebe sind nicht enden wollend. Sie berichten über die zahlreichen Gefahren, die mit dem Mysterium Familienunternehmen verbunden sind und breiten Schicksalsschläge, der damit verbundenen Familien und Dynastien, auf einem Teppich der Intrigen und Skandale aus. Den agierenden Unternehmern wird der Mammon des exzessiven Lebenswandels als treuer Begleiter zur Seite gestellt.

Viele von uns kennen solche skandalösen Beispiele: angefangen bei den historisch bekannten Buddenbrooks, über die Vorkommnisse in den Betrieben Bahlsen und Tchibo, bis hin zu all jenen Unternehmen, die zwar nicht durch die Gazetten gezerrt wurden, aber dennoch dem Scheitern oder totalem Umbruch keinen Einhalt bieten konnten.

Die negativen Sensationen geben vorrangig in der Yellow Press den Ton an, da der Mensch dazu neigt sich über Angelegenheiten, die nicht funktionieren, mehr Gedanken zu machen als über positive Errungenschaften. Psychologen und Verhaltensforscher haben herausgefunden, dass sich jeder Mensch täglich um die 60.000 Gedanken macht. Das ist in der Tat ziemlich viel, aber wesentlich schockierender ist, dass von diesen Gedanken nur drei Prozent positiv sind.

Wir wollen in der Folge das Thema Familienunternehmen nicht im Stile der Yellow Press aufarbeiten, sondern Zahlen und Fakten für sich sprechen lassen und diese lesefreundlich aufbereiten, damit Sie sich selbst ein Urteil über die wirtschaftliche Bedeutung von Familienbetrieben für die österreichische Wirtschaft und unsere Gesellschaft machen können.

Für uns als Herausgeber dieses Buches sind Familienbetriebe ein geniales Konstrukt. Wir bekennen uns ganz klar und unmissverständlich zu Familienunternehmen, wollen eine Lanze für ihr prosperierendes Fortkommen brechen und Ihnen, werte Leser, aufzeigen, was Sache ist. Anhand von Fallbeispielen beeindruckender Familienbetriebe wird der berufliche und persönliche Alltag von Familienunternehmern authentisch dargestellt – verbunden mit all seinen Stärken und Schwächen. Es „menschelt" und dies ist gut so!

Das österreichische Wirtschaftsleben wird stark von Familienunternehmen geprägt. Bei den rund 160.000 Betrieben finden annähernd 1,8 Millionen Beschäftigte einen Arbeitsplatz. Dazu kommen noch einmal weitere 110.000 Ein-Personen-Unternehmen. Zusammen erwirtschaften sie einen Gesamtumsatz von ca. 420 Milliarden Euro.

In Prozent ausgedrückt bedeutet dies, dass beinahe 90 % aller marktorientierten heimischen Unternehmen zur Kategorie der Familienbetriebe zählen. Sie sind zugleich Arbeitgeber für etwa 70 % der erwerbstätigen Bevölkerung und lukrieren 60 % des österreichischen Gesamtumsatzes.

Fakt ist, dass keine andere Unternehmensform in unserem Land, mehr Menschen beschäftigt und mehr an Steuerabgaben abführt, als die Gruppe der Familienunternehmen.

	Unternehmen	Beschäftige insgesamt	Umsatz in € Mio
Familienunternehmen i.e.S.	156.900	1.781.600	393.500
+ Ein-Personen-Unternehmen	112.400	112.400	24.400
= Familienunternehmen i.w.S.	269.300	1.894.000	417.900
+ Nicht-Familienunternehmen	36.800	865.200	278.000
= Marktorientierte Wirtschaft	306.100	2.759.200	695.900

Überblick über Familienunternehmen in der marktorientierten Wirtschaft in Österreich
(Quelle: KMU Forschung Austria)

Den höchsten Anteil an Familienbetrieben verzeichnet mit 92 % die Tourismusbranche, dicht gefolgt von der Produktion inklusive Bau mit 91 % und dem Handel mit 89 %.

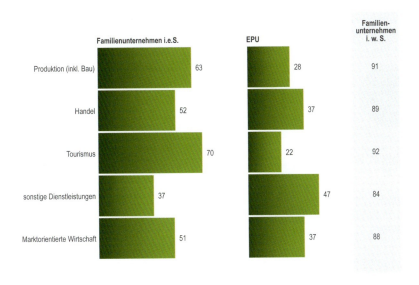

Abschätzung des Anteils der Familienunternehmen an der marktorientierten Wirtschaft
nach Sektoren in % des jeweiligen Sektors, 2015 (Quelle: KMU Forschung Austria)

Bei der gemeinsamen Betrachtung von Umsatz und Beschäftigung zeigt sich, dass bei mehr als 30 % der Familienunternehmen sowohl der Umsatz als auch die Anzahl der Beschäftigten in den letzten Jahren stabil geblieben sind. Mehr als ein Fünftel aller Betriebe konnte die Umsätze bei gleichbleibendem Beschäftigungsstand erhöhen.

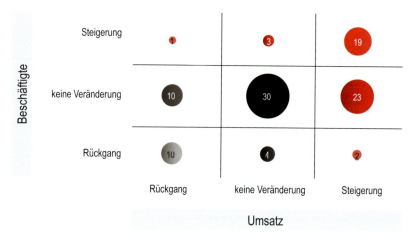

Entwicklung des Umsatzes in Verbindung mit den Beschäftigten von Familienunternehmen
im engeren Sinn im Zeitraum 2013-2016, pro Jahr, Anteile in % (Quelle: WKO Analyse)

Knapp 20 % der Familienbetriebe steigerten sowohl Umsatz als auch die Anzahl der Mitarbeiter. Untersuchungen zeigen, dass 75 % der Familienbetriebe einen einzigen Eigentümer haben. Ungefähr 60 % der Familienunternehmen werden zudem nur von einer einzigen Person geführt.

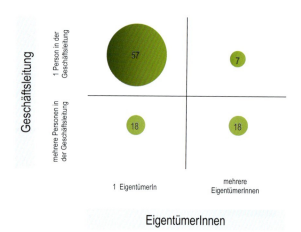

Anzahl der EigentümerInnen und Personen in der Geschäftsleitung in den
Familienunternehmen im engeren Sinn, Anteil in % (Quelle: KMU Forschung Austria)

Unternehmen – und dies gilt sowohl für Familienbetriebe als auch für alle anderen Organisationen – durchlaufen fünf Lebensphasen: Gründung, Wachstum, Reife, Konsolidierung/Schrumpfung und Schließung/Übergabe. Familienbetriebe befinden sich am häufigsten in der Reifephase und weitaus häufiger als andere Unternehmensformen in der Phase vor der Übergabe.

Laut einer Studie der KMU Forschung Austria 2017 befindet sich jedes zehnte Familienunternehmen in der Phase vor der Übergabe, während man über alle Unternehmensformen hinweg nur jeden zwanzigsten Betrieb in dieser Phase wiederfindet. Bei Familienunternehmen, die älter als dreißig Jahre sind, befindet sich bereits jedes vierte in der Phase vor der Übergabe.

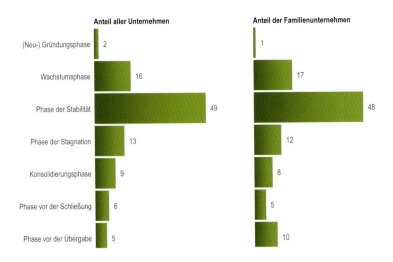

Unternehmen nach Unternehmenslebenszyklus, Anteile in % (Quelle: KMU Forschung Austria)

Die Übergabe eines Betriebs ist eine große Herausforderung. Knapp 70 % der Betriebe schaffen es von der ersten in die zweite Generation, um anschließend mit stark dezimierten 40 % den Übergang in die dritte Generation erfolgreich zu vollziehen. Erschreckend niedrig ist dann die Prozentzahl jener Betriebe, die den Übergang in die vierte Generation meistert – nur magere 5 % können auf eine erfolgreiche Übergabe zurückblicken.

Für den Fortbestand von Familienunternehmen ist es wichtig, dass sie sich zeitgerecht mit den Themen Familie, Betrieb und Vermögen auseinandersetzen und die Nachfolge genau vorbereiten. Wie es zum Scheitern einer Übergabe kommt ist hinlänglich bekannt, aber dennoch werden die Gründe – wie das Amen im Gebet – missachtet: unstimmige Testamente oder Gesellschaftsverträge, die nicht auf die Bedürfnisse der Eigentümer und der Familie abgestimmt sind, sondern nur auf Basis der sogenannten korrekten, juristischen Gepflogenheiten getroffen wurden. Eifersucht, Neid und Missgunst tragen dann noch das ihrige dazu bei.

Es gilt daher, rechtzeitig unter Einbindung spezialisierter Fachleute, den Nachfolgeprozess aufzusetzen. Ratsam ist es, sich bereits Gedanken über die Firmenübergabe zu machen, wenn die nächste Generation am Heranwachsen ist. Es kann damit nicht früh genug begonnen werden. Die finale Entscheidung wer und ob übernommen wird, bleibt immer denjenigen überlassen, die damit betraut werden sollen.

Die Firmenübernahme im Familienverbund muss gewollt, gut vor- und aufbereitet sein, den persönlichen Neigungen entsprechen und vor allem mit der fachlichen Ausbildung korrelieren. In jenen Fällen, in denen eine Firmenübernahme durch den eigenen Familienverbund keine passende Option darstellt, sollte es nicht als „Schande" empfunden werden, wenn der Betrieb anderwärtig ausgerichtet oder umstrukturiert wird. Gerade im postpatriarchalischen Zeitalter sind Firmenverkäufe und Trennung als realistische Alternativen zu begrüßen, anstatt diese mit Spott und Häme zu belegen. Hut ab vor solchen Entscheidungen, wenn es in einer Familie gerade bei diesem Punkt nicht passt.

Charakteristisch für österreichische Familienbetriebe ist, dass diese traditionell langlebig sind und auf eine stattliche Firmenhistorie blicken können. Gut die Hälfte der Familienunternehmen steht im Besitz der zweiten Generation oder einer Nachfolgegeneration. Der Anteil der Familienbetriebe gemessen an der Gesamtanzahl aller heimischen Betriebe ist im EU-Vergleich nur in Deutschland höher als in Österreich. Die durchschnittliche Lebensdauer von Unternehmen im Familienbesitz beläuft sich auf drei Generationen und ist somit höher als jene von Publikumsgesellschaften. In vielen Fällen haben die österreichischen Familienbetriebe über die dritte Generation hinaus weiter Bestand.

Einerseits beeindrucken familiengeführte Betriebe durch flache Hierarchien, kurze Entscheidungswege, personelle Kontinuität, hohe Verlässlichkeit gegenüber Kunden, Mitarbeitern und Lieferanten, ausgeprägtes Kosten-Nutzen-Denken, ihr gelebtes Verantwortungsbewusstsein gegenüber allen Stakeholdern sowie durch ihr besonderes Gespür für Marktchancen. Des Weiteren zeichnen sie sich durch enormen Unternehmergeist, generationsübergreifendes Know-how und in sehr vielen Fällen durch eine starke Verankerung in der Region aus. Der Dreiklang aus ökonomischer Erfolgsorientierung, sozialer Verantwortung und regionaler Verwurzelung verschafft dem Familienkapitalismus ein menschliches Antlitz und macht ihn sympathisch.

Andererseits kann bei Familienbetrieben ein gewisser Hang zur autoritären Struktur festgestellt werden, da sich der Großteil der Familienunternehmen im Besitz und unter der Führung einer prägenden Persönlichkeit mit Entscheidungskompetenz befindet.

Der Frauenanteil in der Führungsetage von Familienunternehmen liegt, verglichen mit anderen Unternehmensformen, weitaus höher und ist ein klares Indiz dafür, dass das Genderbewusstsein bei den Familienbetrieben längst angekommen ist und gelebt wird.

Die Einbindung von Familienmitgliedern in das eigene Unternehmen stärkt den Betrieb und ist zugleich ein effizientes Bollwerk gegen beeinflussende Kräfte von außen. Ein Familienbetrieb kann natürlich nur solange gut funktionieren und prosperieren, solange Friede und Eintracht in der Familie vorherrscht und sich keine destruktiven Energien innerhalb des Familienverbundes negativ auf das Unternehmen auswirken.

Die laufenden Diskussionen über Wochenarbeitszeiten werden von Familienbetrieben mit einem verschmitzten Lächeln des Unverstandes kommentiert, da die durchschnittliche Wochenarbeitszeit, bei den im operativen Bereich agierenden Unternehmern, jenseits der 40 Stunden liegt. Die vielseits kolportierten 60 Stunden werden oft schon am Donnerstag kurz nach Mittag verbucht. Arbeitszeitgesetze gelten bei aktiven Unternehmern nur für deren Mitarbeiter. Sich selber zu schonen gehört nicht zu deren Lebensphilosophie und Arbeitseinstellung.

Eine weitere Besonderheit, die Familienunternehmen auszeichnet, ist die langfristige Bindung der Mitarbeiter an das Unternehmen, gepaart mit einer sehr geringen Mitarbeiterfluktuation.

Der Begriff Familie gilt also nicht nur in Bezug auf die Blutsverwandtschaft, sondern bezieht auch das unmittelbare Umfeld des Betriebs mit ein. Ganz nach dem Motto: „Unus pro omnibus, omnes pro uno – einer für alle, alle für einen."

Das Dynasty-Prinzip
– was über Generationen wächst,
ist zukunftsfähiger

Das Dynasty-Prinzip – was über Generationen wächst, ist zukunftsfähiger

Viel Bewegung herrscht in Gesellschaft und Wirtschaft. Der Wandel lässt keinen Stein auf dem anderen. Werte wie Bindung, Berechenbarkeit, Verlässlichkeit, Tradition und Geschichte sind in modernen und urbanen Kulturen von massiver Erosion betroffen. Die Auswirkungen des gesellschaftlichen Struktur- und Wertewandels treffen die Wirtschaft und hier vor allem die stark traditionsorientierten Familienunternehmen.

Das market-Institut hat in den 90er-Jahren eine Typologie der Familienunternehmen berechnet. Dabei kam Spannendes zu Tage. Die absolute Mehrheit der Familienunternehmen war damals traditionsorientiert. Die traditionellen Werthaltungen waren vor allem „sehr fleißig sein", „Vorbild für Mitarbeiter sein" und „nichts riskieren". „Innovativ sein", „das eigene Geschäftsmodell hinterfragen", „neue Produkte entwickeln und ausprobieren" und „etwas verrückt sein" war hingegen nur eine Minderheiten-Haltung. Nur etwa jedes fünfte Familienunternehmen bezeichnete sich als innovativ. Damals war die Fehlervermeidungskultur tief in den Familienbetrieben verwurzelt. Wer nichts Neues ausprobierte, der machte auch keine großen Fehler. Das Null-Fehler-Prinzip hat Jahrzehnte so einigermaßen funktioniert. Jedoch seit der Jahrtausendwende lässt sich Gewohntes nicht mehr ständig fortschreiben. „Unterlassungssünden" werden vom Markt hart bestraft. Tradition alleine, ohne sich neu zu erfinden, funktioniert nicht mehr.

Neues Gründerdenken zeichnet erfolgreiche Familienbetriebe aus

Inzwischen – fast eine Generation später – definieren Familienbetriebe Tradition und Geschichte ihres Unternehmens neu. Hohes Veränderungsbewusstsein hat in den Familienbetrieben Einkehr gehalten. Das rasante Voranschreiten der Digitalisierung sowie die schmerzhaften Erfahrungen der globalen Finanzkrise, der Jahre 2008 und 2009, haben dazu geführt, dass Familienunternehmen wesentlich dynamischer und innovativer geworden sind.

Auch das Kundenverhalten hat sich verändert. Auf generell eher hohe Kundenbindung – ein Erfolgsgarant vergangener Zeiten – ist unberechenbares Marktverhalten gefolgt. „Last-Minute-Decider", „Smart Shopper" und Hybride sind zur komplexen Wirklichkeit geworden.

Ein stark verändertes Umfeld fordert Familienbetriebe

Matthias Horx hat in seinem „Fahrplan in die Zukunft" diese Gesellschafts- und Marktverschiebungen sehr plastisch dargestellt und treffend bezeichnet. Schlagworte in diesem Zusammenhang sind etwa die zunehmende Urbanisierung sowie die Individualisierung der Gesellschaft.

Gleichzeitig verändern sich zahlreiche Strukturgrößen wie beispielsweise die Altersstruktur ("Silver Society") und Haushaltsgröße, das Gesundheitsbewusstsein, die regionale Bevölkerungsverteilung sowie die Rolle der Geschlechter. Frauen befinden sich heute auf dem gesellschaftlichen Vormarsch ("Gender Shift").

Die Digitalisierung – Horx nennt den Effekt "Konnektivität" – setzt alle Bereiche der Gesellschaft und Wirtschaft zusätzlich unter Druck.

Rahmenfaktoren für den gesellschaftlichen Wandel

Laut einer aktuellen Umfrage sind 85 % der österreichischen Wirtschaftsentscheider der Meinung, dass sich das Verbraucherverhalten in den letzten 5 bis 10 Jahren sehr verändert hat. Neue Kunden schaffen neue Märkte mit neuen Herausforderungen. Vor allem Familienunternehmen, die in der Vergangenheit eher für Kontinuität und wenig Experimentelles gestanden sind, werden mit starken Veränderungen konfrontiert. Die wichtigsten Faktoren der Marktveränderung aus dem "Fahrplan in die Zukunft" sind: Onlineshopping, Multi-Channel, nachhaltiges Einkaufen, zunehmende Bedeutung der Regionalität sowie rückläufige Kundenbindung.

"More of the same" ist nicht länger der Schlüssel zum Erfolg. Eine neue Generation von Familienunternehmern ist gefragt, und die nächste Generation hat diese neuen Herausforderungen bereits angenommen.

Drei Viertel der österreichischen Familienunternehmen geben an, dass sich die Anforderungen an die Unternehmensführung massiv verändert haben. Der "Autopilot" funktioniert nicht mehr: schnell, wendig und ideenreich müssen Unternehmen von heute sein.

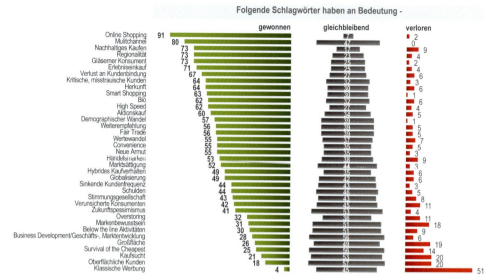

Folgende Schlagwörter haben an Bedeutung -

Frage: Nachfolgend finden Sie verschiedene Schlagworte im Zusammenhang mit dem Verbraucherverhalten bzw. mit Markttrends. Welche davon haben an Bedeutung gewonnen (1), besitzen eher gleichbleibende Bedeutung (2) bzw. haben an Bedeutung verloren (3)?

Die wichtigsten Marktveränderungen

Wachstumsorientierung und schnelle Entscheidungen sind gefragt

Die Führung von Familienbetrieben ist zur komplexen Aufgabe geworden – Personalangelegenheiten, Digitalisierung und Marktveränderungen stellen Unternehmen vor große Hürden.

Das Finden von geeigneten Führungskräften gestaltet sich immer schwieriger, ebenso die gesamte Personalplanung. Der Faktor Mensch ist zur Schlüsselfrage geworden, die nicht nur vor quantitative und qualitative Herausforderungen stellt. Gleichzeitig haben sich auch neue Erwartungshaltungen und Anspruchsniveaus entwickelt. Work-Life-Blending hat längst die klassische Work-Life-Balance abgelöst. Es kommt zu einem andauernden und fließenden Übergang zwischen Arbeits- und Privatleben.

Die voranschreitende Digitalisierung verursacht ebenfalls einen enormen Druck auf die Unternehmensführung. Es darf nichts „verschlafen" werden, doch wer zu früh startet, wird eventuell mit hohem Lehrgeld bestraft. Ein weiterer nicht zu unterschätzender Faktor sind die sich verändernden gesetzlichen Rahmenbedingungen – Stichwort: Europäische Datenschutzgrundverordnung.

In Veränderung begriffen sind aber auch die Märkte – Einkauf und Verkauf definieren sich neu. Mit hohem Tempo, sozusagen in Realtime, werden Geschäftsprozesse heute abgewickelt. Es überrascht daher nicht, dass die Schaffung schlanker Organisationsstrukturen weit abgeschlagen, im Ranking der „Veränderungsfaktoren in der Unternehmensführung", liegt. Es ist offenkundig, dass diese Aufgaben von den Familienunternehmen schon längst erledigt wurden.

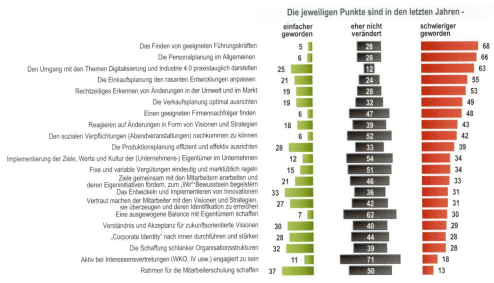

	einfacher geworden	eher nicht verändert	schwieriger geworden
Das Finden von geeigneten Führungskräften	5	28	68
Die Personalplanung im Allgemeinen	6	28	66
Den Umgang mit den Themen Digitalisierung und Industrie 4.0 praxistauglich darstellen	25	12	63
Die Einkaufsplanung den rasanten Entwicklungen anpassen	21	24	55
Rechtzeitiges Erkennen von Änderungen in der Umwelt und im Markt	19	28	53
Die Verkaufsplanung optimal ausrichten	19	32	49
Einen geeigneten Firmennachfolger finden	6	47	48
Reagieren auf Änderungen in Form von Visionen und Strategien	18	39	43
Den sozialen Verpflichtungen (Abendveranstaltungen) nachkommen zu können	6	52	42
Die Produktionsplanung effizient und effektiv ausrichten	28	33	39
Implementierung der Ziele, Werte und Kultur der (Unternehmens-) Eigentümer im Unternehmen	12	54	34
Fixe und variable Vergütungen eindeutig und marktüblich regeln	15	51	34
Ziele gemeinsam mit den Mitarbeitern erarbeiten und deren Eigeninitiativen fördern, zum „Wir"-Bewusstsein begeistern	21	46	33
Das Entwickeln und Implementieren von Innovationen	33	36	31
Vertraut machen der Mitarbeiter mit den Visionen und Strategien, sie überzeugen und deren Identifikation zu erreichen	27	42	31
Eine ausgewogene Balance mit Eigentümern schaffen	7	62	30
Verständnis und Akzeptanz für zukunftsorientierte Visionen	30	40	29
„Corporate Identity" nach innen durchführen und stärken	28	44	28
Die Schaffung schlanker Organisationsstrukturen	32	39	28
Aktiv bei Interessensvertretungen (WKO, IV usw.) engagiert zu sein	11	71	18
Rahmen für die Mitarbeiterschulung schaffen	37	50	13

Frage: Hier steht nun Verschiedenes, das sich möglicherweise bei der Unternehmensführung in den letzten Jahren geändert hat. Geben Sie bitte an, ob der jeweilige Punkt (1) schwieriger oder (2) einfacher geworden ist, oder ob sich da (3) eher nichts verändert hat!

Veränderungen in der Unternehmensführung

Wenig verändert hat sich die Frage: „Wie schaffe ich eine ausgewogene Balance unter den Eigentümern?" Eine sehr wichtige Thematik, die bei schlechter Lösung üblicherweise zu starken Friktionen im System führt.

Relativ stabil ist auch die Bedeutung der Mitarbeit und Aktivität bei den Interessenvertretungen, wie der Wirtschaftskammer Österreich (WKO) und der Industriellenvereinigung (IV), geblieben. Soziale Verpflichtung und soziale Verantwortung sind den Familienunternehmen ein großes Anliegen und haben ihre Bedeutung beibehalten. Bemerkenswerter Weise ist die Implementierung von Innovationen wesentlich einfacher geworden. Offenkundig hat der hohe Veränderungsdruck einen neuen und gut funktionierenden Zugang zu Systeminnovationen geschaffen.

85 % der Familienbetriebe sind zukunftsoptimistisch

Trotz aller gestiegenen Herausforderungen sehen Familienunternehmer ihr Unternehmensmodell als absolut zukunftsorientiert. Es ist mit Sicherheit kein Auslaufmodell. 85 % der befragten Familienbetriebe sehen für sich bzw. ihr Unternehmen sehr interessante Zukunftsmöglichkeiten. Nur magere 15 % sind pessimistisch oder entschlagen sich der Antwort.

Die Gruppe der Zukunftspessimisten war noch vor einer Generation deutlich größer und umfasste ca. 20 % der Befragten. Sehr häufig waren „Zwangsverpflichtungen" in der Familie die Ursache dafür. Der Sohn oder die Tochter mussten übernehmen, wollten aber eigentlich in ihrem Leben etwas anderes machen. Hier hat sich im Familiengehorsam einiges geändert – zum Guten für das Unternehmen.

Wachstumsdenken rangiert inzwischen klar vor reiner Familienräson. Das market-Institut hat die Frage gestellt: „Worauf wurde bei der Besetzung der Geschäftsführung von Familienunternehmen besonders geachtet?" Das häufigste Motiv ist Wachstum. Durch die Wahl der passenden Geschäftsleitung, soll das Wachstum des Unternehmens angeregt werden. An zweiter Stelle rangiert die „schnelle Entscheidungsfindung durch einen Geschäftsführer". Teamorientierung als Motiv zur Besetzung der Geschäftsleitung liegt an dritter Stelle. Wenig Zustimmung finden die Motive „dass das Unternehmen eine konstante Größe hält" sowie „dass mehrere kompetente Familienmitglieder in die Geschäftsführung gelangen".

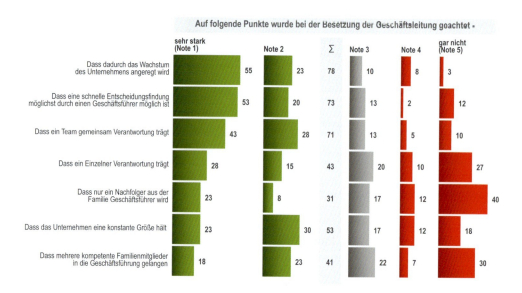

Auf folgende Punkte wurde bei der Besetzung der Geschäftsleitung geachtet ·

	sehr stark (Note 1)	Note 2	Σ	Note 3	Note 4	gar nicht (Note 5)
Dass dadurch das Wachstum des Unternehmens angeregt wird	55	23	78	10	8	3
Dass eine schnelle Entscheidungsfindung möglichst durch einen Geschäftsführer möglich ist	53	20	73	13	2	12
Dass ein Team gemeinsam Verantwortung trägt	43	28	71	13	5	10
Dass ein Einzelner Verantwortung trägt	28	15	43	20	10	27
Dass nur ein Nachfolger aus der Familie Geschäftsführer wird	23	8	31	17	12	40
Dass das Unternehmen eine konstante Größe hält	23	30	53	17	12	18
Dass mehrere kompetente Familienmitglieder in die Geschäftsführung gelangen	18	23	41	22	7	30

Frage: Worauf wurde bei der Besetzung der Geschäftsführung besonders geachtet?

Besetzung der Geschäftsleitung

Familiengehorsam hat sich verändert – Blut vor Kompetenz ist out

Massiv abgelehnt wird die Vorgangsweise, dass nur ein Nachfolger aus der Familie Geschäftsführer werden kann – 59 % der Familienunternehmen distanzieren sich davon. Robert Schmid von der Schmid Industrieholding (Markenname Baumit; global tätiges Unternehmen) bringt es auf den Punkt: „Man muss die Stärke haben, einen Fremden in die Firma zu holen, wenn ein Familienmitglied für die Unternehmensleitung ungeeignet ist. Man muss sich bewusst sein, dass eine gutgehende Firma immer mehr einbringt, auch an Vermögen, als das eigene Gehalt". Das Miteinander in Familienunternehmen definiert sich über offene Kommunikation und ausgeprägte Kritikfähigkeit. Es geht also auch um Konflikte und Streitkultur. „Wenn zwei die gleiche Meinung haben, dann ist einer zu viel", bringt es Ernst Mayr von Fussl Modestraße Mayr, des am schnellsten wachsenden Modeunternehmens in Österreich, auf den Punkt. Natürlich geht es neben der offenen Kommunikation auch um eine gemeinsame Wertebasis und gemeinsame Ziele und Visionen. Gefragt sind dabei aber klare Aufgabenverteilungen und genau definierte Entscheidungsverantwortlichkeiten.

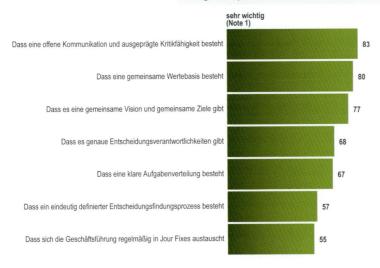

Folgende Aspekte sind bei der Zusammenarbeit mit Geschäftsführerkollegen -

sehr wichtig
(Note 1)

Dass eine offene Kommunikation und ausgeprägte Kritikfähigkeit besteht	83
Dass eine gemeinsame Wertebasis besteht	80
Dass es eine gemeinsame Vision und gemeinsame Ziele gibt	77
Dass es genaue Entscheidungsverantwortlichkeiten gibt	68
Dass eine klare Aufgabenverteilung besteht	67
Dass ein eindeutig definierter Entscheidungsfindungsprozess besteht	57
Dass sich die Geschäftsführung regelmäßig in Jour Fixes austauscht	55

Frage: Wie wichtig sind Ihnen folgende Aspekte bei der Zusammenarbeit mit Ihren Geschäftsführungskollegen?

Zusammenarbeit mit Geschäftsführungskollegen

Wann kracht es so richtig in Familienunternehmen? Die Frage dazu lautete: „Unter welchen Umständen sollte ein Geschäftsführer abberufen werden?" Klare Antwort: bei Missbrauch von Gesellschaftsvermögen, gefolgt von Verstößen gegen die Wertvorstellungen der Familie und gegen die Unternehmenswerte. Das Nichterreichen von festgelegten Zielen ist für Familienunternehmen eher kein Grund zur Abberufung des Geschäftsführers.

Ein Geschäftsführer sollte unter folgenden Umständen abberufen werden -

Basis: Familienunternehmen

Folgende Regelungen sind schriftlich festgelegt -

Basis: Familienunternehmen

	abberufen	festgelegt
Bei Missbrauch von Gesellschaftsvermögen	88	47
Bei Verstoß gegen Wertvorstellungen der Familie und gegen die Unternehmenswerte	73	28
Bei unterschiedlichen Vorstellungen zur strategischen Ausrichtung des Unternehmens	42	12
Für eigene Zwecke	23	23
Bei Nichterreichen festgelegter Ziele	12	13

Frage: Eine schwierige Frage: Unter welchen Umständen sollte ein Geschäftsführer abberufen werden?
Frage: Und welche dieser Regelungen sind schriftlich, zum Beispiel in einem Geschäftsführungsvertrag, festgelegt?

Abberufung eines Geschäftsführers und schriftlich festgelegte Regelungen

31

In Familienunternehmen wird vorrangig der Missbrauch von Gesellschaftsvermögen schriftlich geregelt. Interessant: Wie bereits erwähnt spielt die mangelnde Zielerreichung kaum eine Rolle bei der Abberufung eines Geschäftsführers – das Nichterreichen festgelegter Ziele wird aber auch nur eher selten schriftlich definiert. In Familienunternehmen gilt, dass die Gewinnausschüttung abhängig von der Ertragslage des Unternehmens ist. Die Vergütung von Familienmitgliedern, die im Betrieb mitarbeiten, richtet sich nach Leistung und Position. Es muss klare Spielregeln geben, um als Familienmitglied eine Anstellung zu bekommen. Vor allem aber gilt, dass Leistung vor Familienbindung geht. Loyalität wird vorausgesetzt, ersetzt aber Leistung nicht. Ein klares No-Go ist die Einstellung von Familienmitgliedern unabhängig von ihrer Ausbildung und Erfahrung. Als undenkbar gilt in Familienunternehmen gleicher Lohn für ungleiche Leistung. Die Nutzung der Ressourcen des Familienunternehmens für persönliche Zwecke gilt ebenfalls als Tabu.

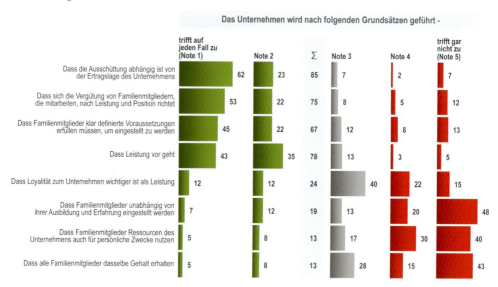

Das Unternehmen wird nach folgenden Grundsätzen geführt -

	trifft auf jeden Fall zu (Note 1)	Note 2	Σ	Note 3	Note 4	trifft gar nicht zu (Note 5)
Dass die Ausschüttung abhängig ist von der Ertragslage des Unternehmens	62	23	85	7	2	7
Dass sich die Vergütung von Familienmitgliedern, die mitarbeiten, nach Leistung und Position richtet	53	22	75	8	5	12
Dass Familienmitglieder klar definierte Voraussetzungen erfüllen müssen, um eingestellt zu werden	45	22	67	12	8	13
Dass Leistung vor geht	43	35	78	13	3	5
Dass Loyalität zum Unternehmen wichtiger ist als Leistung	12	12	24	40	22	15
Dass Familienmitglieder unabhängig von ihrer Ausbildung und Erfahrung eingestellt werden	7	12	19	13	20	48
Dass Familienmitglieder Ressourcen des Unternehmens auch für persönliche Zwecke nutzen	5	8	13	17	30	40
Dass alle Familienmitglieder dasselbe Gehalt erhalten	5	8	13	28	15	43

Frage: Nach welchen Grundsätzen wird Ihr Unternehmen geführt?

Grundsätze der Unternehmensführung

Es kann rasch Konflikte und Enttäuschungen geben, wenn in Familienunternehmen keine klaren und schriftlichen Regelungen bestehen. Der familiäre Zusammenhalt steht allzu schnell auf dem Spiel, wenn es bei der Einhaltung der wichtigsten Grundsätze hapert. Umso mehr braucht es regelmäßige, offene und direkte Kommunikation in der Familie.

Offene Kommunikation stärkt die Familienbindung

Eine gemeinsame Wertebasis stärkt den Zusammenhalt im Unternehmen. Sehr häufig werden gemeinsame Wertebasis und offene Kommunikation institutionalisiert, beispielsweise in Form eines Gesellschafterausschusses oder Familienrates. Die Familienverfassung wird derzeit noch nicht so häufig genutzt. Am wenigsten werden gemeinnützige Engagements der gesamten Familie als „Klebstoff" für den familiären Zusammenhalt gesehen.

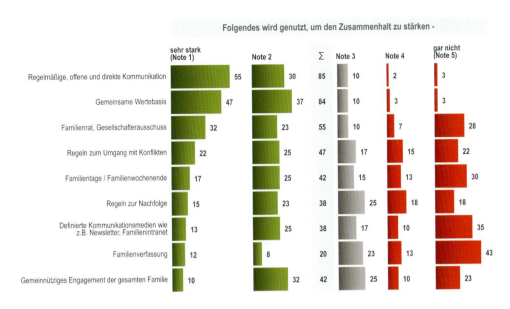

Folgendes wird genutzt, um den Zusammenhalt zu stärken -

	sehr stark (Note 1)	Note 2	Σ	Note 3	Note 4	gar nicht (Note 5)
Regelmäßige, offene und direkte Kommunikation	55	30	85	10	2	3
Gemeinsame Wertebasis	47	37	84	10	3	3
Familienrat, Gesellschafterausschuss	32	23	55	10	7	28
Regeln zum Umgang mit Konflikten	22	25	47	17	15	22
Familientage / Familienwochenende	17	25	42	15	13	30
Regeln zur Nachfolge	15	23	38	25	18	18
Definierte Kommunikationsmedien wie z.B. Newsletter, Familienintranet	13	25	38	17	10	35
Familienverfassung	12	8	20	23	13	43
Gemeinnütziges Engagement der gesamten Familie	10	32	42	25	10	23

Frage: Was alles nutzen Sie in Ihrem Unternehmen, um den Zusammenhalt zu stärken?

Stärken des Zusammenhaltens

Direkte Kommunikation bedeutet, dass auch heikle Themen offen ausgesprochen werden. Partizipation wird bei Familienunternehmen großgeschrieben. Es geht darum sich sowohl in der Familie als auch im Unternehmen aktiv einzubringen. Ein starkes Gefühl der Zusammengehörigkeit wirkt positiv auf Motivation, Bindung und Persönlichkeitsentwicklung. Fabian Stumpfl von AV Stumpfl hat es im Interview sehr treffend formuliert: „Kommunikation ist für uns das wichtigste Steuerungsinstrument – der direkte Kontakt zu Abteilungs- und Teamleitern. Gefährlich wird es, wenn einer das Gefühl hat, von der Kommunikation ausgeschlossen zu sein. Dann kommt es zu Gegenbewegungen, die im Nachhinein immer sehr schwer auszugleichen sind."

Konsensfindung ist manchmal mühsam

Die Freiheit individuell entscheiden zu können, findet sich im Antwortranking im unteren Drittel. Familienräson und das Ausleben individueller Freiheiten dürften sich ein wenig spießen. So kommt es auch, dass die Konsensfindung, auf Basis von zunächst unterschiedlichen Meinungen, doch eher mühsam sein dürfte. Robert Ebner von Ebner Industrieofenbau (weltweit tätiger Nischenplayer) definiert seine Erfahrung folgendermaßen: „Manches ist über einen Gesellschaftsvertrag und in unserem Fall über einen Syndikatsvertrag geregelt. Wenn es Probleme gibt, ist – wie in allen Bereichen des Lebens – sicher eine offene Kommunikation sehr wichtig. Gegenseitige Wertschätzung, ein respektvolles Miteinander und sich in die Rolle des anderen hineinzuversetzen, sind die Eckpfeiler einer erfolgreichen Beziehung zwischen Entscheidungsträgern, Gesellschaftern und Mitarbeitern."

Nur jedes zweite Familienunternehmen hat konkrete Konfliktlösungsregeln ausgearbeitet

Die Leistungserwartung an den Einzelnen durch die Familie ist beträchtlich. Die Aussage: „Ich bekomme viel von meiner Familie, ohne dass eine Gegenleistung dafür erwartet wird", wird eher verneint.

Es stimmen den nachfolgenden Aussagen -

sehr zu
(Note 1)

Auch heikle Themen können bei uns offen ausgesprochen werden	62
Ich kann mich im Unternehmen und in unserer Familie einbringen	60
Ich kann mich persönlich weiterentwickeln und an meinen Aufgaben wachsen	60
In unserer Familie haben wir das Gefühl, dass wir zusammengehören und füreinander da sind	57
Ich bin Teil einer starken Gemeinschaft	50
Ich habe die Freiheit, mich individuell zu entscheiden	50
Ich bekomme viel von meiner Familie, ohne dass eine Gegenleistung dafür erwartet wird	38
Wir kommen zu einem Konsens, auch wenn wir unterschiedliche Meinungen haben	38

Frage: Wie sehr stimmen Sie den nachfolgenden Aussagen zu?

Aussagen rund um ein Familienunternehmen

Konflikte sind in Familienunternehmen vorprogrammiert. Daher ist es enorm wichtig einen Algorithmus aus der Konfliktzone zu finden. Das primäre Konfliktmanagement sorgt daher zunächst dafür, dass jedes der betroffenen Familienmitglieder zu Wort kommt. Immerhin jedes zweite Familienunternehmen hat konkrete Regeln zur Konfliktbeilegung ausgearbeitet.

Auch das Hinzuziehen eines Dritten zur Vermittlung oder Mediation des Konfliktes wird sehr häufig praktiziert. Wenn gar nichts mehr geht, eine dauerhafte Unlösbarkeit oder rechtliche Auseinandersetzungen bestehen, dann wird die Trennung als letzter Schritt des Konfliktmanagements empfohlen.

Eine Trennung vom Familienunternehmen ist für knapp zwei Fünftel der Unternehmer und Unternehmerinnen undenkbar. Sie würden keinesfalls bzw. unter keinen Umständen ihre Anteile am Familienunternehmen verkaufen. Wann ist die Veräußerung von Anteilen denkbar? Vor allem dann, wenn Unternehmensziele und Werte mit den eigenen Moralvorstellungen kollidieren, gefolgt von Konflikten mit Gesellschaftern oder der Geschäftsführung.

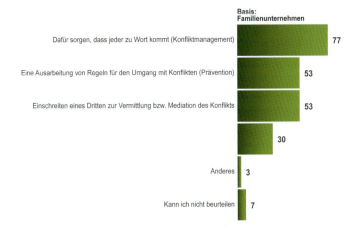

Folgende Punkte sollten bei Konflikten beachtet werden -

**Basis:
Familienunternehmen**

Dafür sorgen, dass jeder zu Wort kommt (Konfliktmanagement)	77
Eine Ausarbeitung von Regeln für den Umgang mit Konflikten (Prävention)	53
Einschreiten eines Dritten zur Vermittlung bzw. Mediation des Konflikts	53
	30
Anderes	3
Kann ich nicht beurteilen	7

Frage: Welche Punkte sollten bei Konflikten beachtet werden?

Wichtige Punkte bei Konflikten

Ein Ausstieg ist die Ausnahme

Ein wichtiger Grund, um aus dem Familienunternehmen auszusteigen, wäre vor allem die Ablehnung der Unternehmensstrategie oder des Geschäftsmodells. Motivation für den Ausstieg kann natürlich auch das Verfolgen von persönlichen Zielen und deren Finanzierung spielen. Differenzierende Meinungen in Bezug auf die Gewinnausschüttung sind kein wichtiger Grund, um dem eigenen Familienunternehmen den Rücken zu kehren.

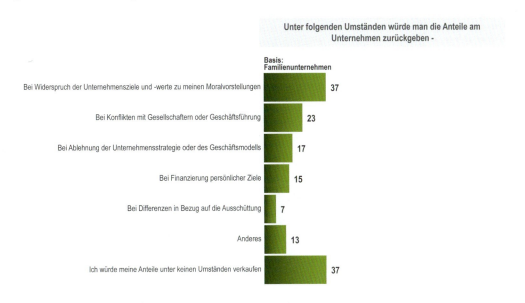

Unter folgenden Umständen würde man die Anteile am Unternehmen zurückgeben -

**Basis:
Familienunternehmen**

Bei Widerspruch der Unternehmensziele und -werte zu meinen Moralvorstellungen	37
Bei Konflikten mit Gesellschaftern oder Geschäftsführung	23
Bei Ablehnung der Unternehmensstrategie oder des Geschäftsmodells	17
Bei Finanzierung persönlicher Ziele	15
Bei Differenzen in Bezug auf die Ausschüttung	7
Anderes	13
Ich würde meine Anteile unter keinen Umständen verkaufen	37

Frage: Welche Punkte sollten bei Konflikten beachtet werden?

Umstände, die verleiten, Anteile am Unternehmen zurückzugeben bzw. zu verkaufen

35

Auch wenn sich so manche Betriebsübergabe schwierig gestaltet – vor allem ab der dritten Generation –, unternimmt man einen Ausstieg aus dem Familienunternehmen nicht leichten Herzens.

Familienbetriebe genießen einen tadellosen Ruf in der Bevölkerung

Was empfiehlt die Bevölkerung einem Jugendlichen als Arbeitsplatz? Das österreichische Familienunternehmen liegt hier im Antwortranking unangefochten auf Platz eins. 45 % der Österreicher und Österreicherinnen würden einem jungen Menschen ein Familienunternehmen als Arbeitgeber empfehlen. Weit dahinter finden sich internationale Großkonzerne oder Start-ups. Immerhin jeder Vierte rät zur Selbständigkeit. Auch die Empfehlung Beamter in der öffentlichen Verwaltung zu werden, ist immer noch aktuell.

Wolfgang, Karl, Elfriede und Stefanie Hasenöhrl

Familienverfassung –
nur ein Blatt Papier?

Karl Hasenöhrl (Firmengruppe Hasenöhrl)

Familienverfassung –
nur ein Blatt Papier?
Interview mit KommR Ing. Karl Hasenöhrl (Firmengruppe Hasenöhrl)

Bauen Sie auf uns!

Die Firma Hasenöhrl wurde im Jahr 1960 von Otto Hasenöhrl gegründet und ist heute auf Bau- und Abfallwirtschaft sowie Rohstoffe und Recycling spezialisiert. Nach über fünf Jahrzehnten zählt die Unternehmensgruppe zu den modernsten in ihrer Branche. Schrittweise wurden seit 1992 die verschiedenen Firmenteile von KommR Ing. Karl Hasenöhrl und Mag. Ulrike Hasenöhrl übernommen.

Herr Hasenöhrl, können Sie uns etwas über die Geschichte Ihres Familienunternehmens erzählen?
Karl Hasenöhrl: „Meine Großeltern sind 1925 von Sudetendeutschland zu uns geflüchtet. Die Großmutter war Bauerstochter, der Großvater Zimmermann – sie haben fünf Bauernhäuser gekauft und zuletzt 11 ha Land besessen. Mein Großvater, der mit Landwirtschaft nicht viel am Hut hatte, zog dann ein Fuhrwerksgeschäft auf. Heute sind meine Frau und ich im Unternehmen tätig, unsere Kinder sind derzeit noch in Ausbildung: Die Tochter ist gerade mit dem Studium der Betriebswirtschaft fertig geworden, der Sohn studiert Bauingenieurwesen an der TU. Ich habe mir vor kurzem einen kaufmännischen Geschäftsführer gesucht, da meine Schwester das Unternehmen verlassen hat. Es ist geplant, dass die Kinder später mitarbeiten."

Ist der Familienbetrieb für Sie eher ein Zukunfts- oder ein Auslaufmodell?
Karl Hasenöhrl: „Ich sehe Familienbetriebe zukunftsorientiert, weil sie in ihrer Struktur wesentlich schneller reagieren als Großkonzerne. Die Bindung zum Unternehmen und zu den Führungskräften ist eine ganz andere als in großen Konzernen, wo es in den vielen Abteilungen oft Streit gibt. Wichtig ist jedoch, dass die Ausbildung stimmt. Ich sehe das in meinem Betrieb. Früher hat man mit angelernten Kräften gearbeitet, dann lange Zeit mit Leuten, die einen Mittelschulabschluss hatten. Heute muss man immer mehr Akademiker einsetzen, um bestehen zu können. Vernünftig geführte Familienunternehmen werden bestimmt nicht aussterben."

Was ist das Erfolgsrezept in Ihrem Familienunternehmen?
Karl Hasenöhrl: „Man muss zum Unternehmen stehen und darf den persönlichen Einsatz nicht scheuen – Tag und Nacht Unternehmer sein, vom 1. Jänner bis zum 31. Dezember und ebenso im Urlaub. Das ist das Grundprinzip eines funktionierenden Familienunternehmens. Wenn man eher der Freizeittyp ist, hat man es wahrscheinlich anderswo leichter."

Welche Steuerungsinstrumente sind für ein Familienunternehmen wesentlich?
Karl Hasenöhrl: „Meinungsbildner waren bei uns immer der Steuerberater und unser Notar,

da wir häufig Gründe kaufen müssen. Einen größeren Aufsichtsrat haben wir nicht. Seit einigen Jahren beschäftigen wir einen eigenen Juristen, der sehr hilfreich für die Weiterentwicklung der Firma ist. Früher bin ich immer zu Anwälten gefahren, habe dann aber gemerkt, dass diesen Leuten der Bezug zur Firma fehlt."

Wie sieht es mit Kontroll- und Steuerungssystemen, wie interner Revision oder Vier-Augen-Prinzip, aus?
Karl Hasenöhrl: „Wir führen nicht jede Abteilung selbst. Ich bin technischer Geschäftsführer und meine Schwester hatte bis vor kurzem die kaufmännische Leitung. Es macht schon Sinn, dass man die Mitarbeiter in den Abteilungen überprüft, wobei das nicht falsch verstanden werden darf. Wir haben eine Größenordnung, bei der man noch viel Vertrauen hat, aber ganz ohne Kontrolle geht es doch nicht."

Familienunternehmen brauchen eine gute Geschäfts- und Familienführung. Was ist Ihre Meinung dazu?
Karl Hasenöhrl: „Man muss schauen, dass die Familie funktioniert und dass die Kinder sich in die richtige Richtung entwickeln. Das ist eine riesige Aufgabe. Man hört immer wieder, dass Kinder vom Weg abkommen. Man kann nicht immer wissen, was Kinder machen, aber zu 80 % liegt es schon an den Eltern. Zum Teil sind die Kinder heute auch überbehütet. Man muss einfach schauen, dass die Richtung stimmt. Zudem funktioniert ein Familienunternehmen dann gut, wenn die Leistungsbereitschaft bei allen vorhanden ist. Meine Schwester und ich hatten eine gute Vereinbarung mit gegenseitiger Rücksichtnahme. Bei größeren Betrieben besteht wahrscheinlich eher die Gefahr, dass mehrere Personen mitreden und mitentscheiden möchten. Eine Familienverfassung macht dann Sinn, wenn sie vernünftig gelebt wird. Wenn nicht, ist es ein Blatt Papier, über das sich die Rechtsanwälte freuen."

Wie stehen Sie zum Einsatz externer Manager in Familienunternehmen?
Karl Hasenöhrl: „Bei Managern besteht immer die Gefahr, dass die Selbstdarstellung in den Vordergrund rückt. Ich sehe hier in der Nachbarschaft sehr oft Fälle, in denen ein Familienoberhaupt bestimmt anders entschieden hätte – generationenübergreifender anstatt auf die nächsten paar Jahre. Das ist die Gefahr eines Managers: Er hat keine andere Chance, als am kurzfristigen Erfolg zu arbeiten. Wenn in einer Familie allerdings viel gestritten wird, ist es wahrscheinlich sogar gut, alle Familienmitglieder aus den Führungspositionen zu nehmen und stattdessen Manager einzusetzen."

Ist ein patriarchischer Führungsstil noch zeitgemäß?
Karl Hasenöhrl: „Das Patriarchische funktioniert vielleicht bei Kleinstbetrieben. Mir fällt auf, dass Leute Führung brauchen. Auch sehr gute Leute brauchen zum Teil bestimmte Vorgaben. Ich kann mir nicht vorstellen, dass ich jeden Einzelnen frage, in welche Richtung meine Firma gehen soll oder was ich investieren oder nicht investieren soll. Das ist bei großen Firmen der Nachteil, da brauchen Entscheidungsfindungen oft viel länger."

Leo Hillinger

Ich bin Dachmarke und ein liberaler, diplomatischer Patriarch

Leo Hillinger (Leo Hillinger GmbH)

Ich bin Dachmarke und ein liberaler, diplomatischer Patriarch

Interview mit Leo Hillinger (Leo Hillinger GmbH)

Sportlich zum Erfolg

Vollblutwinzer, Extremsportler und Familienmensch: Leo Hillinger übernahm mit 21 Jahren den hochverschuldeten Weinhandel seines Vaters und zählt heute zu Österreichs Topwinzern. Im international renommierten Weingut am Neusiedler See befindet sich eine Produktionsstätte mit angeschlossenem Degustations- und Seminarzentrum. In Parndorf eröffnete 2005 der erste Flagship-Store. Hillinger-Weine werden heute in 21 Länder exportiert.

Herr Hillinger, was zeichnet ein Familienunternehmen aus?
Leo Hillinger: „Die Flexibilität – in einem großen Konzern hast du immer vorgegebene Schritte. Ein Familienunternehmen kann extrem schnell und flexibel agieren. Es gibt keine fixen Arbeitszeiten und du kannst, wenn es mal brennt, ein paar extra Stunden einlegen."

Und was ist das Besondere bei Hillinger?
Leo Hillinger: „Ich habe 100 Mitarbeiter und bin sehr stolz darauf, dass alle voll hinter mir stehen. Sie sind meine Familie und in ihren Adern fließt Hillinger Blut."

Also gibt es klare Ziele und Werte in Ihrem Familienunternehmen?
Leo Hillinger: „Ja, auf jeden Fall. Klare Werte sind zum Beispiel Gesundheit und Familie. Als eine meiner engsten Mitarbeiterinnen zu mir gekommen ist und mir sagte, sie sei schwanger, habe ich mich über den Zuwachs in unserer Familie gefreut."

Und wie sieht es mit Ihrer eigenen Familie aus?
Leo Hillinger: „Meine Kinder sind 15 und 13 Jahre alt und sie haben keinen Druck, das Unternehmen von mir zu übernehmen. Mein Sohn hat zwar schon seinen eigenen Weingarten, aber wenn sie etwas anderes machen wollen, passt das auch. Ihnen stehen alle Optionen offen, in jegliche Richtung. Aber ich lebe ihnen vor, dass es der beste Job der Welt ist, weil ich einfach glücklich bin, mit dem, was ich mache. Für mich ist der Wein mein Leben, mein Baby. Ich habe außerdem 25 Firmen, an denen ich beteiligt bin."

Gibt es ein Leitmotiv in Ihrem Familienbetrieb?
Leo Hillinger: „Konsequenz, Konsequenz, Konsequenz – das ist mein Leitmotiv. Wir haben viele kreative Köpfe im Unternehmen. Kreativität allein nützt aber nichts, man muss es auch durchziehen und da ist die Konsequenz gefragt!"

Welche Qualifikationen sind nötig, um als Familienmitglied im Unternehmen mitarbeiten zu dürfen?

Leo Hillinger: „Sie müssen ganz unten anfangen und sich langsam hocharbeiten. Extrem wichtige Punkte sind Auslandserfahrung; Länder und Sprachen kennen- und lieben lernen; soziale Projekte – dann können sie zuhause durchstarten! Die schönsten Gebiete, um diese Erfahrungen zu sammeln, sind die Weinbaugebiete, und dort lernen sie natürlich am meisten."

Familie ist in der Regel auch Konfliktbereich. Sie haben gesagt, Ihre Kinder müssten sich von der Pike auf alles selbst erarbeiten. Funktioniert dieses Konzept?

Leo Hillinger: „Ich bin mir ganz sicher, dass es funktioniert. Wir spüren die Pubertät nicht, weil wir über Probleme reden. Meinem Sohn habe ich gesagt, wenn er etwas ausprobieren möchte, dann mit mir. Ich will nicht angelogen werden, das ist eine ganz einfache Geschichte. Wir müssen schauen, dass wir uns miteinander entwickeln. Wir sind keine Eltern, die Nein sagen, sondern wir versuchen die Kinder zu motivieren. Das mache ich ja auch mit meinen Mitarbeitern. Die kann ich auch nicht immer loben. Man muss einfach schauen, wo das Problem ist und dann gemeinsam Lösungen finden."

Welche Steuerungsinstrumente sind in einem Unternehmen mit 100 Mitarbeitern und zahlreichen Firmenbeteiligungen notwendig?

Leo Hillinger: „Ich glaube, es ist sehr wichtig, Verantwortung abzugeben. Man muss den Mitarbeitern das Gefühl geben, dass sie in ihrem Bereich selbständig arbeiten können, dann sind sie auch motiviert. Wenn immer der Vorgesetze da ist und sagt, was zu tun ist, funktioniert das nicht. Man muss seine eigene Kreativität auch ausleben können – natürlich mit der notwendigen Konsequenz.

Meine Verkäufer sind keine Buchhalter, aber sie müssen Grundsätze einhalten. Ich analysiere meine Mitarbeiter unter anderem auch nach Zahlen. Durch die Zielvorgaben sehe ich, ob jemand sich bemüht oder nicht. Wir machen einmal jährlich auch ein intensives Teambuilding. Wichtige Punkte sind dabei: unausgesprochene Dinge auszureden, neue Perspektiven zu finden und den Zusammenhalt im Team weiter zu stärken."

Wie stehen Sie zur Idee der Familienführung?

Leo Hillinger: „Eine funktionierende Familie ist der Grundstock eines Familienunternehmens. Wenn die Leute sich gegenseitig die Köpfe einschlagen, führt das nirgendwohin."

Sind Patriarchen die besseren Unternehmer?

Leo Hillinger: „Ich betrachte mich als liberaler, diplomatischer Patriarch. Du brauchst schon eine Gallionsfigur, jemanden, der führt. Die Leute wollen jemanden, zu dem sie aufschauen können. Ich bin ein guter Unternehmer, weil ich meine Schwächen kenne und die gebe ich ab. Wenn du das weißt, hast du es geschafft."

Wie gehen Sie mit der Schnittstelle Familie und Unternehmen um?
Gibt es da überhaupt eine Trennung?

Leo Hillinger: „Nein, ich arbeite 20 Stunden pro Tag, aber für mich ist es nicht arbeiten, ich kann und will es nicht anders. Ich freue mich jeden Tag, wenn ich das Gebäude sehe und spüre, wie dankbar die Leute sind. Ich bin auch sehr froh über mein Buch, das war eines der besten Dinge, die ich im Leben gemacht habe. Es ist immer wieder wichtig, Danke zu sagen. Ich habe im Buch die Geschichte mit meinem Vater verarbeitet, das war eine sehr schwierige Zeit."

Was passiert, wenn sich Ihre Kinder gegen das Unternehmen entscheiden?
Gibt es das Familienunternehmen dann nicht mehr?

Leo Hillinger: „Doch, meine Mitarbeiter führen es weiter. Es gibt aber noch eine weitere Option: Ich baue gerade ein Hotel. Meine Tochter interessiert sich dafür und besucht jetzt eine Hotelfachschule. Sie müsste natürlich ganz von unten anfangen. Bei mir im Unternehmen wäre es eher so, dass mein Sohn in die Produktion geht und meine Tochter in den Verkauf. Wenn du Kompetenzbereiche aufbaust, gibt es keine Diskussion."

Wie wichtig sind Ihnen Geld und Luxus?

Leo Hillinger: „Wenn man 20 Stunden arbeitet, hat man nicht viel Zeit zum Ausgeben. Was ist Luxus? Mein Luxus ist Zeit. Zeit mit der Familie. Ich bin mit meinem Sohn vorgestern eine Skitour gegangen, das war klasse. Ich habe ihm 300-mal gesagt, wie schön das ist. Ab einem gewissen Zeitpunkt ist Geld auch nicht mehr wichtig. Ich bräuchte schon seit Längerem nichts mehr tun, aber das geht gar nicht! Wenn du nicht mehr arbeiten gehst, fällt dir viel Blödsinn ein. Ich habe meine Häuser schon gebaut – Niedrigenergiebauweise –, da habe ich keine Kosten in dem Sinn. Ein Freund hat kürzlich zu mir gesagt: ‚Du bist viel bodenständiger geworden.' Ich muss mir auch nichts mehr beweisen. Wenn du viel erreicht hast, musst du dir nichts mehr beweisen. Das macht mich glücklich. Und Glück ist Zufriedenheit."

Ernst Mayr

Wenn zwei die gleiche Meinung haben,

ist einer zu viel

Ernst Mayr (Fussl Modestraße Mayr GmbH)

Wenn zwei die gleiche Meinung haben, ist einer zu viel

Interview mit Ernst Mayr (Fussl Modestraße Mayr GmbH)

Sparsamkeit liegt im Trend

Im Jahr 1871 gründete Felix Fussl, Ururgroßvater der heutigen Geschäftsführer, eine Gemischtwarenhandlung in der Gemeinde Ort im Innkreis. Viele Jahre später legte Karl Mayr, der heutige Seniorchef, den Grundstein für das Modeunternehmen Fussl. Aktuell ist das Unternehmen der größte und erfolgreichste österreichische Modehändler und befindet sich weiterhin auf Expansionskurs. Allein im ersten Halbjahr 2018 sind zehn weitere Standorte in Österreich und Bayern hinzugekommen. Ernst Mayr leitet heute das Unternehmen gemeinsam mit seinem Bruder Karl.

Herr Mayr, sind Familienunternehmen Auslauf- oder Zukunftsmodelle der Wirtschaft?
Ernst Mayr: „Ich glaube, dass Familienbetriebe eine gute Zukunft haben, wenn sie die innerbetrieblichen familiären Diskussionen hintanstellen. Aber alle großen Betriebe sind ja irgendwo Familienbetriebe, selbst Microsoft hat zu zweit angefangen. In unserer Branche – egal ob Zara oder H&M – sind alle großen Unternehmen Familienbetriebe. Wenn ein Betrieb etwas größer ist, spricht man von Konzernen, obwohl im Hintergrund eine Familie die Fäden zieht."

Was macht Familienbetriebe besonders erfolgreich?
Ernst Mayr: „Die Nachhaltigkeit ist ein großes Thema, man trifft Entscheidungen langfristig und hält länger durch. Wenn man sich am kurzfristigen Erfolg orientiert und alles ein wenig billiger macht, dann muss der nächste Geschäftsführer in 5 Jahren das wieder sanieren. Oder wir machen es gleich richtig und die Lösungen halten die nächsten 30 Jahre. Ein Manager hat seine Vorgaben, die er durchzieht und „basta". Bei einer Familie dagegen steht der Mensch im Vordergrund. Ich habe immer ein Auge auf Mitarbeiter und Kunden."

Was sind die Erfolgsfaktoren in Ihrem Familienunternehmen?
Ernst Mayr: „100%iges Engagement – unsere Leute arbeiten stets an unserem Wachstumsziel. Wir machen alles innerhalb des eigenen Unternehmens: vom Marketing angefangen über Fotografie bis hin zur Design-Kollektion. Wir brauchen keine Werbeagentur. Meine erste Regel der Werbung lautet: nichts ändern! Vertrautheit und Kontinuität stehen bei uns im Vordergrund. Man nehme das Beispiel Lutz: Die Familie Putz gehört dazu und das wird in 20 Jahren wahrscheinlich auch noch so sein. Kontinuität und Vertrauensbasis sind die großen Vorteile eines jeden Familienbetriebs.

Zwei Mitarbeiterinnen administrieren bei uns die gesamte EDV. Wir haben ca. 500 PCs im Einsatz. Auch die Software programmieren wir zum Teil selbst im Unternehmen. In diesem Bereich sind wir so schlank aufgestellt und so effizient wie kaum ein anderes Unternehmen."

Gibt es klare Ziele und Werte in Ihrem Unternehmen?

Ernst Mayr: „Gewinn ist bei uns das Ergebnis einer ausgeprägten Kunden- und Mitarbeiterorientierung. Wenn die Mitarbeiter eine „Gaudi" haben, haben die Kunden eine „Gaudi". Und wenn die Kunden eine „Gaudi" haben, stellt sich der Erfolg automatisch ein.

Ein weiterer Erfolgsfaktor ist für uns die Sparsamkeit. Ich fahre dasselbe Auto wie meine Mitarbeiter und habe keinen Chauffeur, wobei meine Mitarbeiter das neuere Modell fahren und ich derzeit das ältere. Es ist wichtig am Boden zu bleiben und Mitmenschen nicht arrogant, sondern auf gleicher Augenhöhe zu begegnen. Als Familienunternehmer haben wir auch in Sachen Arbeitsleistung eine Vorbildfunktion.

Tradition, Vertrauen und Verlässlichkeit sind weitere wichtige Werte. Mit unserer Plakatfirma arbeite ich seit dem Jahr 1992 zusammen. Tradition ist auch, dass wir jedes Jahr ein Familienfest organisieren, um das Miteinander im Betrieb zu stärken."

Welche Qualifikation ist nötig, um als Familienmitglied im Unternehmen
mitarbeiten zu dürfen?

Ernst Mayr: „Das diskutieren wir gerade intern. Ausschlaggebend sind sicher Interesse und Bereitschaft."

Wie wichtig ist der schulische Erfolg?

Ernst Mayr: „Bei mir war das so: Meine Noten waren sehr bescheiden, ich musste mich zum Glück nirgends vorstellen. ‚Du wirst es auch noch schaffen, den elterlichen Betrieb in Konkurs zu treiben', hat ein Lehrer einmal zu mir gesagt.

Jetzt hat sich die Firma Fussl nicht so schlecht entwickelt, also kann es nicht ausschließlich am schulischen Erfolg liegen. Im Raum steht zurzeit die Idee eines Assessment-Centers für zukünftige Führungskräfte – das muss jedoch noch getestet werden.

Als ich etwa 15 Jahre alt war, hat mein Vater zu mir gesagt: ‚Da gibt es etwas Neues. Schau dir das an!' Also habe ich mir einen PC gekauft und programmiert. In der EDV habe ich mich schon immer gut ausgekannt. Außerdem habe ich stets schnell Entscheidungen getroffen. Auch das hat zu unserer positiven Firmenentwicklung beigetragen."

Welche Steuerungsinstrumente gibt es für einen Familienbetrieb?

Ernst Mayr: „Wenn sich Eigentümer und Geschäftsführer regelmäßig treffen und einer Meinung sind, braucht man keine weiteren Steuerungsinstrumente. Aber es gibt sehr oft unterschiedliche Meinungen und Ansichten. Bei uns ist es so, dass mein Bruder und ich oft konträrer Meinung sind und sehr viel diskutieren. Das erhöht die Qualität der Entscheidungen, auch wenn es manchmal mühsam ist. Zwei verschiedene Betrachtungsweisen sind jedenfalls besser als eine."

Wie sieht es mit internen Kontrollsystemen, Funktionstrennung, Vier-Augen-Prinzip und interner Revision aus?
Ernst Mayr: „Das haben wir erst vor ca. drei Jahren eingeführt, aber nur bei ganz großen Projekten. Wenn ein Mitarbeiter für ein Gebiet zuständig ist, dann habe ich das Vertrauen, dass er die richtigen Leute aussucht, sie gut einschult und die richtigen Maßnahmen trifft, damit sich alle im Betrieb wohlfühlen.

Natürlich sind das auch nur Menschen – und Menschen machen Fehler. Ich sage immer, dass 20 % Fehler erlaubt sind. Es ist natürlich auch wichtig aus seinen Fehlern zu lernen. Ich selbst mache auch Fehler und habe Schwächen. Ein Geschäftsführer, der von sich sagt, dass er keine Schwächen hat, hat sicher welche. Ich bin fest davon überzeugt, dass jeder Mensch Schwächen hat – und natürlich auch sehr viele Stärken."

Wie würden Sie das Leben eines Unternehmers beschreiben?
Ernst Mayr: „Die Geschäftsführung hat Vor- und Nachteile. Man hat am Abend den Schreibtisch genau so voll wie in der Früh. Es kann viel erfüllender sein, wenn man beispielsweise Tischler oder Fliesenleger ist. In solchen Berufen hat man jeden Tag ein Erfolgserlebnis.

Alle sagen immer: ‚Du hast es so schön.' Aber auch ich bin zu 60 bis 80 Prozent fremdbestimmt. Die Freiheit ist also auch nicht größer, wenn du ganz oben bist! Wenn es Probleme oder Beschwerden von Kunden gibt, landen diese bei mir am Schreibtisch. Andererseits kann ich selbst entscheiden, wann ich morgens anfange und kann mir aussuchen, was ich arbeite – gewisse Freiheiten habe ich also auch."

Hans Staud

Meine persönlichen Erfolgsfaktoren
heißen Konsequenz, Disziplin und
Durchhaltevermögen

Hans Staud (Staud's GmbH)

Meine persönlichen Erfolgsfaktoren
heißen Konsequenz, Disziplin und Durchhaltevermögen
Interview mit Dkfm. Hans Staud (Staud's GmbH)

Unternehmensführung süß-sauer

Marmeladen, eingelegtes Gemüse und Kompotte: Die Marke STAUD'S WIEN ist in österreichischen Haushalten und weltweit ein Dauerbrenner. 1883 in der ungarisch-österreichischen Monarchie als Obst- und Gemüsegroßhandel gegründet, befindet sich der Familienbetrieb Johann Staud heute am traditionsreichen Wiener Brunnenmarkt. Mit der Übernahme des väterlichen Betriebs durch Hans Staud im Jahr 1971 wurden der Sitz und die Produktion in die Hubergasse in Wien Ottakring verlegt, um sich auf die Veredelung von Obst und Gemüse zu spezialisieren. Das Angebot von Staud's umfasst heute 220 Sorten an süßen und sauren Delikatessen.

Herr Staud, können Sie uns etwas über Ihren Familienbetrieb erzählen?
Hans Staud: „Meine Familie ist sehr reduziert, meine Schwester ist vor zwei Jahren verstorben. Mein Vater war Eiskunstläufer und Musiker, hat aber hart gearbeitet. Er hat zu Beginn 50 kg schwere Kisten voll mit Äpfeln geschleppt. Später hatten wir Markthelfer, die bei uns gewohnt haben – mit einem Ledergeschirr. Die haben die 50 kg schweren Kisten geschultert. Damals hat es noch keine Sackrodel gegeben – einen Leiterwagen ja, aber keine Sackrodel.

Als Familienbetrieb sind wir heute sicher ein Vorzeigebetrieb und gleichzeitig der imperfekteste, den man sich vorstellen kann. Unser Denken ist allerdings schon sehr perfektionistisch."

Gehören laut Ihrer Meinung Familienunternehmungen eher zu den
wirtschaftlichen Auslauf- oder Zukunftsmodellen?
Hans Staud: „Die Zeit wie in den 60er oder 70er-Jahren wird es nicht mehr geben. Aber die Familienunternehmen, die sich bis jetzt gehalten haben, sind gut positioniert. Sie haben alles überlebt, sind durch dick und dünn gegangen.

Es ist ganz wichtig, dass Klein- und Mittelbetriebe in unserem Land von der Politik bestmöglich unterstützt werden. Die Start-up-Unternehmen in Ehren, aber das Geld kommt im Speziellen von den Gewerbe- und Handwerksbetrieben. Früher war ein Fleischhauer auch ein Familienunternehmer, mittlerweile sterben diese kleinen Einheiten jedoch aus. Die Familienbetriebe werden größer, von ein paar Ausnahmen abgesehen. Im Großen und Ganzen braucht es wohl ein gewisses Wachstum und eine gewisse Größe, um sich am Markt behaupten zu können.

In Österreich haben 90 % der Unternehmungen weniger als 10 Mitarbeiter – wir sind sehr klein strukturiert. Dort ist allerdings auch das größte Steueraufkommen zu verzeichnen, das darf man nicht vergessen."

Was macht Familienbetriebe besonders erfolgreich?
Hans Staud: „Das Elastische, die Wendigkeit, das schnelle Reagieren – auch wenn nicht immer alles perfekt ist. Bei großen Unternehmen dauert der Weg bis zur Entscheidung sehr lange, das ist fast schon wie in Japan. Wenn uns eine Idee in den Sinn kommt, dann wird sie einmal überschlafen, man fragt ein bisschen in seinem Umfeld nach und dann wird sie umgesetzt."

Was sind die Erfolgsfaktoren in Ihrem Unternehmen?
Hans Staud: „Das sind drei Prinzipien: Konsequenz, Disziplin und Durchhaltevermögen. Bei uns steht der Mensch im Mittelpunkt. Das sagen zwar fast alle, aber wir leben es von Anfang an. Wir setzen dieses Leitmotiv glaubhaft um, es ist selbstverständlich und nicht konstruiert."

Welche Qualifikationen sind nötig, um als Familienmitglied im Unternehmen
mitarbeiten zu dürfen?
Hans Staud: „Da gibt es keine Grundregel. Ich bin froh, dass ich eine universitäre Ausbildung als Basis habe, aber da sind auch noch die Einflüsse meiner Eltern. Auf der einen Seite bin ich ein Bauer, auf der anderen ein Standler – eine tolle Mischung. Und das theoretische Wissen habe ich vom Welthandel.

Auf meine Diplomarbeit über Technologie für Lebensmittelkonzerne – es ging um die Fortschritte in der Entwicklung der Konservenindustrie – habe ich nur ein Gut bekommen. Mein Professor hat gemeint, dass ich zu viele Seiten über das Thema Umwelt geschrieben habe: ‚Meinen Sie nicht, Herr Kollege, dass es ein bisschen zu viel ist?' Heute wäre es eine Auszeichnung!"

Wie gehen Sie mit der Schnittstelle Familie und Unternehmen um?
Gibt es eine Schnittstelle?
Hans Staud: „Fließend, da gibt es keinen Unterschied. Ich finde es immer schön, wenn es zu einem großen Ganzen wird. Das eine ist ohne das andere nicht denkbar für mich.

Der große Einschnitt war für mich die Konsumpleite in den 90er-Jahren. Damals habe ich gesagt: ‚Jetzt muss ich bei mir selbst anfangen zu sparen.' Daraufhin waren alle Urlaube gestrichen, und seitdem habe ich auf den Urlaub einfach vergessen."

Woraus schöpfen Sie Ihre Kraft und Energie?
Hans Staud: „Ich habe jetzt Abstand bekommen zum Betrieb und verstanden, dass ich auch einmal auf mich schauen muss. Ich nehme mir Zeit für Dinge, die mir wichtig sind und die mir guttun – dazu gehört definitiv die Musik. Ich habe vor eine CD zu produzieren, als Dankeschön für alle meine Freunde, mit denen ich gemeinsam musiziert habe. Das sind klassische Stücke, die mir mein Leben lang Freude bereitet haben. Ich habe ein gutes Gehör, so wie mein Papa."

Welche Steuerungsinstrumente sind für ein Familienunternehmen notwendig
und sind Businesspläne ein Thema in Ihrem Betrieb?
Hans Staud: „Ich habe nie einen Businessplan aufgeschrieben, der war immer in meinem Kopf. Der Rest hat sich ergeben. Ich glaube, als Klein- oder Mittelbetrieb nimmt man es nicht so genau, alles zu dokumentieren – zumindest war es früher so. Wir waren Meister im Improvisieren. Ich war immer froh, dass die Bilanzierer, die ausgelagert waren, mir auf die Finger geschaut haben. Kalkulieren war für mich ein Horror, ich war eher der Kreative. Ich habe erst später gelernt, wie man es richtig macht: die Gemeinkosten auf das Stück umzulegen oder die Warenkosten zu kalkulieren."

Wie stehen Sie zum Thema Beirat für Familienunternehmen?
Gibt es einen Beirat in Ihrem Betrieb?
Hans Staud: „Ich habe eine Stiftung gegründet, damit der Betrieb erhalten bleibt und nicht stückchenweise abhandenkommt. Ich möchte etwas für die Nachwelt machen, für meine Mitarbeiter und Bauern, damit Sie einigermaßen abgesichert sind. Die Alternative wäre, die Arbeit hinzuschmeißen und zu verkaufen. Das ist für mich jedoch nicht attraktiv."

Wie sollte die Nachfolge geregelt sein?
Hans Staud: „Der größte Fehler von vielen ist, sich nicht rechtzeitig Gedanken über die Nachfolge zu machen. Den Fehler habe ich nicht gemacht. Ich versuche, Schritt für Schritt loszulassen, auch wenn es nicht einfach ist. Die Marke ist gut, ihr Wert steigt. Die Interessen aller unter einen Hut zu bringen, ist jedoch eine große Herausforderung."

Transparenz, Vertrauen und Glaubwürdigkeit sind zentrale Werte in Unternehmungen.
Wie sieht das in Ihrem Familienbetrieb aus?
Hans Staud: „Das sind Begriffe, die von mir stammen könnten, da stehe ich voll dahinter. ‚Wir haben nichts zu verbergen!', dazu bin ich immer gestanden. Wir sind transparent und sagen die ganze Wahrheit. Und wenn ich früher gesagt habe, dass ich keine Marmelade esse, hat es immer geheißen: ‚Bist du deppert, das kannst du ja nicht sagen, du redest gegen dein Gewerbe!' Aber es ist so: Ich esse nur Palatschinken gefüllt mit Marmelade, aber kein Marmeladebrot zum Frühstück."

Wie stehen Sie zu sozialer Verantwortung als wesentlicher Punkt einer
Zukunftsorientierung?
Hans Staud: „Gerade wir Privaten haben eine große soziale Verantwortung und nehmen diese auch wahr. Es wird nicht groß darüber geredet, weil es Normalität ist. Der Betrieb ist eine Großfamilie."

Unternehmer werden gerne als überwiegend vermögend und freizeitaffin gesehen. Fakt ist, dass Unternehmer älter sind und durchschnittlich auch viel mehr arbeiten als andere Leute.

Hans Staud: „Das stimmt, wobei die Arbeit nicht immer als Arbeit empfunden wird, sondern wir gehen in Richtung schöne Seele, wo Pflicht und Neigung eins sind. Wir machen das gern und der Faktor Freude kommt dabei nicht zu kurz."

Ein altes Sprichwort besagt: „Wer etwas hat soll auch etwas geben".
Wie halten Sie es damit?

Hans Staud: „Unsere Steuern in Österreich zu zahlen, heißt für uns, einen gesellschaftlichen und gesamtheitlichen Beitrag zu leisten. Und das tun wir gerne. Zusätzlich unterstützen wir immer wieder ausgewählte soziale Projekte."

Der Großteil der österreichischen Familienunternehmen ist unter der Führung einer prägenden Persönlichkeit. Sind Patriarchen die besseren Unternehmer?

Hans Staud: „Was ist es, was den Patriarchen ausmacht? Auf der einen Seite ist er immer da, auf der anderen der ‚Trottel', der für alles geradestehen muss. Insofern bin ich gern einer."

Warum ist es für Mitarbeiter so attraktiv bei Familienunternehmungen zu arbeiten?

Hans Staud: „Mitarbeiter finden Familienunternehmen so attraktiv, weil sie sich nach Sicherheit und Kontinuität sehnen. Es ist vielleicht eine andere Wertigkeit zu wissen, für wen und mit wem man arbeitet, im Unterschied zu einer Publikumsgesellschaft, wo die Eigentumsverhältnisse nicht geklärt sind. Der menschliche Faktor ist ein anderer."

Bernhard und Marlene Kittel

Ich finde es wichtig, dass es nur einen Geschäftsführer gibt – es muss klar sein, wer das Sagen hat

Bernhard Kittel, Marlene Kittel (HappyFoto GmbH)

Ich finde es wichtig, dass es nur einen Geschäftsführer gibt – es muss klar sein, wer das Sagen hat

Bernhard Kittel, MBA und Marlene Kittel, MSc, MIM (HappyFoto GmbH)

Mit Wertschätzung und langfristiger Planung zum Erfolg

Auf der Suche nach einem Anbieter für Fotoprodukte stößt man in Österreich schnell auf HappyFoto: Fotobücher, Fotokalender, Fotos, Wandbilder, Fun-Produkte und Foto-Gruß-karten zählen zum Angebot des Freistädter Familienunternehmens. Neben dem Stammmarkt Österreich werden auch die Märkte in Deutschland, Tschechien und der Slowakei betreut.

Im Jahr 1978 gründete Bernhard Kittel das Unternehmen als Einmannbetrieb und bewies im Laufe der Jahre das richtige Gespür für neue Entwicklungen. Vor 20 Jahren war HappyFoto der erste Betrieb in Österreich, der ein Upload-Service für Digitalfotos einführte und vor 14 Jahren wurde das erste Fotobuch angeboten. „Wir haben den Beginn der Digitalfotografie nicht als Be-drohung gesehen, wie andere Unternehmen, sondern als Herausforderung", sagt Kittel.

Das Unternehmen blieb am Puls der Zeit: 2015 wurde eine App entwickelt, mit der am Smart-phone ein Fotobuch gestaltet werden kann – selbst im Flugmodus d.h. wenn alle Funkein-heiten des Geräts und damit die drahtlosen Kommunikationsfunktionen deaktiviert sind. „Heutzutage wird sehr viel fotografiert, jedoch nur ca. 1,5 % der Fotos werden auch auf Papier gedruckt", erklärt der Unternehmer und zitiert Vinton Cerf, Gründungsvater des Internets und Vizepräsident von Google: „Wenn Sie wirklich etwas Wichtiges haben, dann drucken Sie es aus, denn es gibt nichts Beständigeres als Papier."

Die neue App macht es möglich, ohne Internetverbindung Fotoprodukte zu erstellen und zu gestalten. Um in einer Branche, die zunehmend IT-gesteuert ist, auch weiterhin an vorderster Front dabei zu sein, hat Bernhard Kittel seine Tochter Marlene ins Boot geholt. „Was IT betrifft, bin ich in der Firma der ‚dümmste' Anwender", scherzt Kittel. „Das hat aber auch Vorteile: Wenn ich ein bei uns entwickeltes Computerprogramm bedienen kann, ohne dass ich dreimal nach der Sekretärin rufen muss, dann wird es am Markt bestimmt ein Erfolg."

Es bleibt in der Familie

„Normalerweise übernimmt der Sohn, zumindest war das bis jetzt immer so", erklärt der Unternehmer. Bernhard Kittel erlebte bei seinem eigenen Vater, was es bedeutet, eine un-erwünschte Rolle übernehmen zu müssen. Der Großvater hat ihn gezwungen, die Firma zu übernehmen, obwohl er lieber Medizin studiert hätte. Sohn Andreas betreibt eine eigene Wer-beagentur und berät neben HappyFoto noch andere namenhafte Kunden in Sachen Werbung. Tochter Marlene war gerade auf einem Auslandssemester in Boston, als der Anruf des Vaters kam. Die Frage lautete, ob sie sich vorstellen könne, in die Firma einzusteigen. Die Tochter erbat sich Bedenkzeit und entschied dann das Studium der Betriebswirtschaft abzuschließen und als Unternehmensberaterin Berufserfahrung zu sammeln. „Das war auch tatsächlich die beste Schule für mich. Ich habe weltweit eine Vielzahl von verschiedenen Unternehmen beraten", sagt Tochter Marlene Kittel.

Seit dem Jahr 2017 ist Marlene Kittel als Teil der Geschäftsführung für die Bereiche IT, E-Business und Kundendienst zuständig. „Letzten Sommer hatten wir die größte IT-Umstellung in der Firmengeschichte", erzählt die Geschäftsführerin. Die Zusammenarbeit empfinden Vater und Tochter als konstruktiv, Konflikte gab es bis jetzt noch nicht. Uneinigkeiten werden nicht negativ betrachtet. „Es muss ja nicht immer gleich ein Streit sein, sondern vielleicht eine konstruktive Diskussion", erzählt Bernhard Kittel.

Väterlicher Berater

Es ist geplant, dass im Laufe des Jahres 2019 Marlene Kittel die Leitung der Firma übernehmen wird. „Ich finde es wichtig, dass es nur einen Geschäftsführer gibt. Es muss klar sein, wer das Sagen hat", ist Bernhard Kittel überzeugt. Er wäre bereit gewesen, das Unternehmen zu verkaufen, wenn seine Tochter den Einstieg in die Firmenleitung abgelehnt hätte – es gab attraktive Angebote. „Aber natürlich ist es schön zu sehen, dass mein Lebenswerk jetzt weitergeführt wird und ich habe ein gutes Gefühl dabei", zeigt sich Bernhard Kittel zufrieden. Der Unternehmer bezeichnet sich selbst als einen impulsiven Menschen und gibt zu, Mitarbeiter in der Vergangenheit ungerechtfertigt gemaßregelt zu haben. „Da muss man als Chef die Größe haben, das zu überdenken, einen Tag später hinzugehen, sich zu entschuldigen und zuzugeben einen Fehler gemacht zu haben", sagt Bernhard Kittel.

Externe Berater hat der Unternehmer, der eher zu den Alleinkämpfern zählt, immer abgelehnt. Er sagt: „Man hat mir von Seiten vieler Berater eine Stiftung nahegelegt, ich wollte mir aber von niemandem hineinreden lassen. Es sei zwar wichtig, sich das Für und Wider im Team anzuhören, aber letztendlich muss der Geschäftsführer die Entscheidung alleine treffen – und da oben ist die Luft dünn." Als Berater wird Kittel seiner Tochter jedenfalls weiterhin zur Verfügung stehen. Seine Empfehlung ist, immer wieder in die Produktion zu gehen und sich nichts vormachen zu lassen. „Es ist auch mir wichtig tief in die Materie einzutauchen", bestätigt Marlene Kittel. „Dies erleichtert die Kommunikation mit den Mitarbeitern und Abteilungsleitern."

Der Kunde ist König

Die Unternehmenswerte – der Kunde ist König, Wertschätzung der Mitarbeiter und Sozialkompetenz – wird die neue Geschäftsführerin ebenfalls übernehmen. „Wenn ein Mitarbeiter in Not gerät, kann er jederzeit zu uns kommen", ergänzt Bernhard Kittel. Das sei es auch, was ein Familienunternehmen ausmache, sind sich Vater und Tochter einig: „Die Mitarbeiter fühlen sich mit uns verbunden, unsere Tür steht immer für sie offen. Wir sind wie eine zweite Familie."

Dazu kommt, dass es bei einem Familienunternehmen um das eigene Geld und die Reputation geht. „Da ist man mit weitaus mehr Engagement am Werk", erklärt Bernhard Kittel. Dennoch sind beide der Meinung, dass ein gewisser Abstand zwischen Beruflichem und Privatem nötig sei. „Ich habe die ersten 15 Jahre Firma und Wohnhaus im selben Komplex gehabt, und das hat nicht gut funktioniert", erzählt Bernhard Kittel.

Marlene Kittel ist davon überzeugt, dass kleine Unternehmen aufgrund der bürokratischen Hürden nur noch als Familienbetrieb eine Chance haben. „Die Politiker versprechen uns schon seit Jahren hier zu entrümpeln, passiert ist bisher wenig." Auch in Zukunft wird bei HappyFoto an erster Stelle die Frage stehen: „Wie entwickle ich mich und wie entwickelt sich der Markt?" Dazu werden laufend Umfragen mit dem market-Institut sowie den 500.000 Kunden durchgeführt.

Darüber hinaus sehen beide Unternehmer die Kontrolle der vereinbarten Ziele – Personalentwicklung, Plan-Ist-Entwicklung, Investitionen – als wesentlich an. „Wichtig sind neben einem Jahresplan auch langfristigere Pläne", ist Marlene Kittel überzeugt.

Christian Wieber

Je klarer die Regeln bei der Nachfolge sind, umso einfacher ist es später für alle anderen

Christian Wieber (Wieber Schlosserei GmbH)

Je klarer die Regeln bei der Nachfolge sind, umso einfacher ist es später für alle anderen

Interview mit Christian Wieber (Wieber Schlosserei GmbH)

Der Schlüssel zum Erfolg

Die Salzburger Schlosserei Wieber befindet sich an einer traditionsreichen Adresse: Getreidegasse 28. Seit dem Jahr 1415 wird hier das Schlosserhandwerk ausgeübt und gelebt. Heute leiten Christian und Regina Wieber gemeinsam das über die Stadtgrenzen hinaus bekannte Familienunternehmen.

Herr Wieber, wann sind Familienunternehmen besonders erfolgreich?
Christian Wieber: „Familienunternehmen sind besonders erfolgreich, wenn die Übergabe geordnet und gut strukturiert abläuft und das Know-how weitergegeben wird. Das ist, glaube ich, das Nonplusultra eines Familienunternehmens – und man muss mit der Zeit gehen. Ich war schon als Kind immer dabei, habe ein Geländer gestrichen oder die Schrauben geholt. Dadurch habe ich diese Welt schon früh kennengelernt und später auch Erfahrungen in einem anderen Betrieb gesammelt. Ich glaube, es ist wichtig, diesen Abstand zu gewinnen, wieder zurückzukommen und auch neue Ideen in den Familienbetrieb einfließen zu lassen. Andererseits hatte mein Vater 40 Jahre Erfahrung, die kann man auch nicht einfach beiseitelassen."

Was sind die Erfolgsfaktoren in Ihrem Unternehmen?
Christian Wieber: „Die Spezialisierung auf den Kernmarkt, darauf, was wir gut können. Wir sind bei Bedarf schnell vor Ort und wissen, wie die Altstadt „tickt". In Hotels beispielsweise, weiß ich oft besser darüber Bescheid, wo die Sicherungen zu finden sind, als die Geschäftsführer der Hotelbetriebe selbst. Der Grund dafür ist, dass ich schon länger diese Häuser betreue. Wir gehen aber auch mit der Zeit und verwenden moderne Materialien. Darüber hinaus machen wir bei Restaurierungen mit. Mir bereitet es große Freude, bei Restaurationen von Kirchen und Friedhöfen mitzuwirken und zu sagen: ‚Das habe ich gemacht.' Mein Sohn kann dann später sagen: ‚Das hat mein Vater oder mein Großvater gefertigt.' Wenn ich irgendwo ein Gitter sehe, denke ich mir oft, dass das garantiert von meinem Vater stammt – es ist genau sein Stil."

Worauf muss man bei einem Familienbetrieb noch achten?
Christian Wieber: „Man sollte unbedingt vorausschauend und langfristig planen. Es muss ja auch nicht unbedingt der Sohn übernehmen, wie es bei vielen Betrieben bisher üblich war. Es könnte ja auch die Tochter die bessere Unternehmerin sein. Es gehört auch nicht nur das handwerkliche Geschick dazu, sondern noch viel mehr. Bei Geschwistern ist es oft so, dass sie sich so lange gut verstehen, bis die Ehepartner mit ins Spiel kommen. Die arbeiten meistens auch noch in der Firma mit und dann wird das Familienunternehmen schon ein bisschen breiter. Irgendwer muss aber der Chef sein!"

Worauf legen Sie bei der Arbeit besonders Wert?
Christian Wieber: „Auf Ehrlichkeit und Gewissenhaftigkeit lege ich großen Wert. Meinen Lehrlingen bläue ich ein: ‚Gegangen wird, wenn es schön ist und nicht, wenn es fertig ist.' Ich kontrolliere das auch oft und wenn es mir nicht gefällt, frage ich sie: ‚Gefällt dir das, was du da gemacht hast? Würdest du es bei dir zuhause montieren?' Dann bleiben wir eine Stunde länger, aber dafür ist es schön, es passt und es gibt keine Reklamationen."

Was braucht es, um im Familienbetrieb mitarbeiten zu können?
Christian Wieber: „In erster Linie Ehrgeiz, denn das Fachwissen kann man sich aneignen. Wir sind natürlich aus dieser Zeit heraus, in der die Nachfolger schon bei der Geburt feststanden. Heute soll jeder das tun, was ihm Freude bereitet. Man kann auch ein Spätberufener sein und erst mit 25 oder 28 Jahren merken: ‚Eigentlich interessiert mich das.' Und man kann den Beruf dann immer noch erlernen. Natürlich ist auch eine gute Ausbildung wichtig, denn sie schafft erst die Voraussetzung, um eine Firma übernehmen zu können.

Bei uns ist es so, dass ich in der Werkstatt die operative Arbeit mache. Meine Frau ist für das Finanzwesen zuständig. Dadurch ist alles sehr überschaubar."

Wie gehen Sie mit der Schnittstelle Familienunternehmen um?
Christian Wieber: „Das fragen mich Freunde auch oft. ‚Wie trennt ihr das?' Die Antwort: ‚Gar nicht.' Du kannst in einem Familienunternehmen nur an einem Strang ziehen. Da gibt es kein: ‚Um 17:00 Uhr drehe ich das Licht ab und dann reden wir nicht mehr über die Firma.' Das ist ein kreatives Miteinander, aber auch kein Stress. Als Unternehmer muss man sowieso mehr machen. Dann ist es auch kein Problem, sich am Sonntagvormittag eine halbe Stunde über die Firma zu unterhalten oder irgendwo beim Autofahren. Das ist für mich keine Stresssituation, in der ich sage: ‚Um Gottes willen, jetzt muss ich mich am Wochenende über die böse Arbeit unterhalten.'."

Wie sollte die Nachfolge geregelt sein?
Christian Wieber: „Die Nachfolge sollte sehr genau geplant werden, weil alles, was schwammig aufgesetzt ist, zu Problemen führt. Je klarer die Regeln sind, umso einfacher ist es später für alle anderen. Klar muss man die Kinder zuerst mitarbeiten lassen ohne Erfolgsdruck aufzubauen. Aber wenn es dann soweit ist, gehört klar gesagt: ‚Ab diesem Datum machst du es. Bis dahin kannst du mich gerne fragen, aber dann bist du verantwortlich.' Das ist oft schwer für die jüngere Generation.

Als Senior hat man stets die Kompetenz gehabt, war der Chef und dann ist man es plötzlich nicht mehr. Bei meinem Vater hat das ganz gut funktioniert, er hat sich relativ schnell zurückgezogen. Davor hat er mich gut vorbereitet und mich überallhin mitgenommen. Dabei sind mir viele Sachen klarer geworden. Schlimm ist es, wenn man ins kalte Wasser gestoßen wird und es plötzlich heißt: ‚So, jetzt bist du der Chef.' Und man hat keinen Plan, worum es geht.

Entscheidend ist, wie die Alten die Jungen akzeptieren und inwiefern die Jungen bereit sind, von den Alten anzunehmen. Es ist immer ein Geben und ein Nehmen. Es gibt Alte, die ‚auslassen' und es gibt Junge, die alles umkrempeln wollen."

Ist in Ihrem Unternehmen die Nachfolgeplanung schon ein Thema?
Christian Wieber: „Die Frage stellt sich bei uns noch nicht. Wir haben zwei Söhne: Einer hat die Hotelfachschule absolviert und ist Koch/Kellner. Er wird das wahrscheinlich weitermachen. Der zweite ist erst neun. Er sagt zwar immer, er wird einmal Schlosser, aber mit neun Jahren kann man das noch nicht wissen. Ich werde nächstes Jahr 50, habe also auch noch ein paar Jahre vor mir. Natürlich denke ich darüber nach, was ich mache, wenn meine Kinder nicht übernehmen wollen. Sperre ich dann zu? Gerade mit dieser Lage in der Getreidegasse – Mieten jenseits von Gut und Böse – stellt sich schon die Frage: ‚Übergebe ich das jetzt meinem Gesellen oder einer großen Handelskette?' Ich muss meinem Vater auch eine Pacht zahlen, aber das ist alles im Rahmen und vernachlässigbar. Wenn ich das Maximum rausholen will, damit meine Kinder gut leben können, dürfte ich keine Schlosserei mehr weiterführen. Aber der Gedanke, dass jeder Reiseführer den Touristen erklärt: ‚Und hier war 600 Jahre lang eine Schlosserei, aber der Wieber hat damit aufgehört' – das kann ich mir auch nicht vorstellen."

Otto Weyland

Mein Sohn war vier Jahre alt, als er gesagt hat, er wird später der Chef

Otto Weyland (Weyland GmbH)

Mein Sohn war vier Jahre alt,
als er gesagt hat, er wird später der Chef

KommR Otto Weyland (Weyland GmbH)

Unternehmer aus Leidenschaft

Im Jahr 1883 gründete Conrad Weyland in seinem Heimatort Schärding ein Einzelhandelsgeschäft. Ab dem Jahr 1936 spezialisierte sich das Unternehmen Weyland zunehmend als Eisenhändler. Heute ist die Weyland GmbH bekannt für Stahl, Bewehrung (Verstärkung von Betonbauteilen zur Erhöhung der Tragfähigkeit), Holzwerkstoffe und Zimmereibedarf. Einer der Geschäftsführer ist Kommerzialrat Otto Weyland. Das Tochterunternehmen Weyland Steiner vertreibt Bauwaren, Möbelbeschläge, Werkzeuge, Eisenwaren und Elektrogeräte.

Otto Weyland ist ein Unternehmer der alten Schule. Auch wenn der Oberösterreicher vor kurzem seinen 80. Geburtstag feierte, verbringt er jeden Tag in seiner Firma. Das vom Urgroßonkel gegründete Familienunternehmen liegt ihm sehr am Herzen: „Unsere Mitarbeiter sind sehr loyal und wissen, dass sie auch mit privaten Problemen zu mir kommen können. Wir sind so etwas wie eine große Familie."
Bei den Mitarbeitern herrscht eine geringe Fluktuation, viele Abteilungsleiter haben in der Firma die Lehre angefangen und sind heute in Bereichsleiterpositionen. Als Beispiel nennt der Unternehmer seinen Geschäftsführer, der seit über 20 Jahren in der Firma ist und im Laufe der Jahre wiederholt Jobangebote von Headhuntern bekam – vergeblich.

Vertrauen und Ehrgeiz

Kontrollsysteme wie das Vier-Augen-Prinzip erachtet Otto Weyland als zweitrangig. „Bei uns hat jeder einen gewissen Ehrgeiz, der auch andere ansteckt, egal ob im Büro, Verkauf oder Lager. Es herrscht ein grundlegendes Vertrauen untereinander." Der Unternehmer schwört auf Kontakte aus der Jagdszene: „Ein Drittel meines Erfolges ist sicher über die jagdlichen Kontakte entstanden." Weitere Erfolgsfaktoren sind für Otto Weyland, das Ohr am Markt zu haben und sich auf kompetente Berater zu verlassen.

Ziel des Unternehmens ist es, Marktführer in Österreich bei Stahl und Holz zu werden. Die Bereiche Eisenwaren, Werkzeuge und Beschläge wurden in die Weyland Steiner Handwerks- und Industriebedarf GmbH & Co. KG ausgegliedert, an der der Erfolgsunternehmer beteiligt ist. „Dadurch haben wir Freiräume für unser Kerngebiet bekommen und erweitern jetzt in Richtung Osten. Wir sind bereits in Kroatien und Tschechien am Markt und bearbeiten von dort aus die Slowakei und Ungarn."
Der Preiskampf im Westen sei härter und nach Deutschland zu liefern sehr mühsam, bestätigt Otto Weyland und erzählt vom geplanten Kauf eines Gebäudes in Slowenien: „Das sind Entscheidungen, die man nicht planen kann, sondern die passieren. Und das ist der große Vorteil eines Familienbetriebs – Entscheidungen fallen schnell. Man muss in keinen Aufsichtsrat gehen."

Geregelte Nachfolge

Für Otto Weyland, der rund um die Uhr für die Firma da ist, gibt es keine Trennung zwischen Arbeit und Familie. Gemeinsame Aktivitäten wie Sport oder Theater fördern seiner Meinung nach die Zusammengehörigkeit. Im Urlaub bleibt das Notebook jedoch zuhause: „Während des Urlaubs zu arbeiten, wie es viele tun, kommt für mich nicht in Frage."

Sohn Otto ist schon voll im Geschäft und tritt die Nachfolge an. „Mein Sohn war vier Jahre alt, als er gesagt hat, er wird später der Chef. Das war von Haus aus klar", zeigt sich der Unternehmer stolz. Der Sohn studierte an der Wirtschaftsuniversität und absolvierte die Konzessionsprüfung für Güterbeförderung, um als Geschäftsführer die eigene Logistikfirma betreuen zu können. „Wir brauchen eine eigene Spedition, um die Waren der ausgegliederten Firmen transportieren zu können", erklärt Otto Weyland senior.

Der Unternehmer riet seinem Sohn, einen Fragebogen zusammenzustellen und mit allen Mitarbeitern zu sprechen. „Er hat die Firma und vor allem die Meinung der Mitarbeiter innerhalb kürzester Zeit besser gekannt als ich", zeigt sich Otto Weyland senior beeindruckt. Die Übergabe an den Sohn wurde bereits geregelt, der Realbesitz vom Vater auf den Sohn übertragen. „Alle Liegenschaften sind in einer KG, deren Anteile mein Sohn hält." Die älteste Tochter hatte die Übernahme zuvor abgelehnt. „Sie hat mit dem Wirtschaftsstudium begonnen, aber festgestellt, dass das nichts für sie ist." Die zweite Tochter kümmert sich um die für die Firma sehr wichtigen Lehrlinge.

Familienbetriebe wird es immer geben

Otto Weyland senior legt großen Wert darauf, Konflikte im Unternehmen zu vermeiden und ist auch bei der Nachfolgeregelung auf klare Verhältnisse bedacht: „Wenn die Nachfolge nicht eindeutig geregelt ist, werden im Unternehmen zu viele Ressourcen gebunden. Man kann sich dann vor lauter Streitigkeiten nicht mehr um den Markt kümmern. Damit kann man die besten Betriebe ruinieren."

Der Unternehmer gründete zur Absicherung seines Sohnes auch eine Stiftung: „Wenn mir etwas passieren sollte, dann hat die Stiftung die Stimmrechte in der Firma, bis mein Sohn 30 Jahre alt ist." Die Notwendigkeit einer Familienverfassung sieht er nicht: „Bei uns gilt der Handschlag." Rückblickend gesehen, stellt der Unternehmer fest, dass ein wenig mehr Strenge nicht geschadet hätte. „Ich wollte es anders machen als mein Vater, der sehr aufbrausend war und öfters unnatürlich laut wurde", zeigt sich Otto Weyland senior selbstkritisch. „Aber heute denk ich mir, im Nachhinein war alles richtig."

Auf die Frage, ob Familienunternehmen eher Auslaufmodelle oder Zukunftsmodelle der Wirtschaft sind, antwortet Otto Weyland senior ohne Zögern: „Ich glaube, dass es ohne Familienbetriebe nicht gehen wird. Familienbetriebe hat es immer gegeben und es wird sie immer geben müssen."

Tobias und Fabian Stumpfl

Bei uns ist alles sehr offen,
es funktioniert alles mit Hausverstand

Fabian Stumpfl, Tobias Stumpfl (AV Stumpfl GmbH)

Bei uns ist alles sehr offen, es funktioniert alles mit Hausverstand

Interview mit Fabian Stumpfl und Tobias Stumpfl (AV Stumpfl GmbH)

Mit Unterhaltung zum Erfolg

Das Familienunternehmen Stumpfl im oberösterreichischen Wallern stellt Produkte für die Unterhaltungsindustrie her. Im Interview erzählen die Brüder Tobias und Fabian Stumpfl übers Segelfliegen, den Produktionsstandort Österreich und Effekte in der Geisterbahn.

Herr Stumpfl, wie würden Sie Ihren Familienbetrieb beschreiben?
Tobias Stumpfl: „Wir beschäftigen uns mit der Entwicklung, Produktion und Vermarktung von Produkten für die Unterhaltungsindustrie. Dabei handelt es sich um qualitativ hochwertige Projektionsflächen, die bei Veranstaltungen, Konzerten oder Präsentationen auf den Bühnen zum Einsatz kommen. Die Vermieter kaufen diese Produkte bei uns und vermieten sie weiter. Das ist unser Hauptverkaufsargument, gleichzeitig aber auch unser größtes Problem: Da sich unsere Projektionswände durch eine sehr lange Produktlebenszeit auszeichnen, sind sie im Betrieb kostengünstiger und effizienter als vergleichbare Produkte der Konkurrenz.
Auch unsere Medienserver kommen bei Veranstaltungen oder in Themenparks zum Einsatz. Alles was für die Bild-, Audio- und Lichteffekte verantwortlich ist, läuft in den Medienservern zusammen und wird dort vom Operator bedient. Ein Beispiel ist die Geisterbahn. In einer Geisterbahn geht es darum, dass die Geister zur richtigen Zeit ihren Text sprechen und die richtigen Effekte dazu abgespielt werden."

*Zählen Familienunternehmungen für Sie eher zu den Auslauf-
oder den Zukunftsmodellen der Wirtschaft?*
Fabian Stumpfl: „Als Familienunternehmen haben wir den Vorteil, dass wir uns durch unsere kurzen Entscheidungswege sehr schnell an geänderte Rahmenbedienungen anpassen können. Dadurch erreichen wir eine hohe Effizienz. Wir haben zum Teil Partnerschaften mit Konzernen, die für Entscheidungen Monate bis Jahre brauchen. Hingegen wenn wir eine gute Idee haben und diese umsetzen wollen, besprechen wir diese firmenintern mit zwei oder drei Mitarbeitern und schon geht es an die Implementierung. In einem Konzern steht man sich oft selbst im Weg, weil dort eine große Anzahl an Mitarbeitern in Entscheidungen involviert ist, und da bleibt es dann oftmals bei der Idee.
Der Vorteil von Familienunternehmen, die tatsächlich von Familien geführt werden, ist, dass die handelnden Personen, im Gegensatz zu Managern, mit eigenem Kapital und auf eigenes Risiko arbeiten. Dadurch erreicht man eine ganz andere Entscheidungsqualität."

Was sind die Erfolgsfaktoren in Ihrem Unternehmen?
Fabian Stumpfl: „Ganz wichtig ist für uns die Produktentwicklung. Wir haben jährlich Ent-

wicklungsausgaben von über 3 Millionen Euro, bei einem Umsatz von nicht ganz 20 Millionen Euro. In Marketing und Vertrieb investieren wir weniger, weil hier ganz gezielt auf Weiterempfehlungsmarketing gesetzt wird. Wir entwickeln die besten Produkte und die Käufer wissen das. Für uns funktioniert Weiterempfehlungsmarketing am besten.

In der Produktion verfolgen wir den Ansatz, dass es keine Qualitätssicherung gibt, sondern jeder Produktionsmitarbeiter und jede Produktionsmitarbeiterin ist mit einer sehr hohen Eigenverantwortung ausgestattet – und das funktioniert sehr gut. Wir hatten aber auch schon Fälle, wo wir uns nach kurzer Zeit von Mitarbeitern trennen mussten, weil sie mit den Freiheiten und der übertragenen Eigenverantwortung nicht umgehen konnten. Es gibt eben auch Menschen, die ein starres Korsett an Regeln brauchen."

Werden in Ihrem Familienunternehmen klare Ziele und Werte verfolgt?

Fabian Stumpfl: „Wir bekennen uns ganz klar zum Produktionsstandort Österreich und investieren viel Geld in die Infrastruktur. Die Qualität am Arbeitsplatz soll letztendlich den Mitarbeitern zugutekommen. Wir sehen einen Mehrwert darin, wenn Mitarbeiter sich in unserem Unternehmen wohlfühlen. Zudem pflegen wir einen familiären Führungsstil, aber schon mit einer gewissen Konsequenz.

Bei uns existiert nur eine Führungsebene zwischen der Geschäftsführung und den ausführenden Mitarbeitern, weil wir daran glauben, dass wir durch den direkten Kontakt die besseren Rahmenbedingungen schaffen. Wir pflegen eine offene Kommunikation. Bei uns zählen Hausverstand, dieselben zwischenmenschlichen Mechanismen, die man auch in der Familie oder im Freundeskreis pflegen würde sowie gegenseitiger Respekt und Anerkennung. Unsere Eltern haben eine Regel bei Konflikten eingeführt: ‚Es gibt nicht Gut und Böse, sondern es sind grundsätzlich immer zwei Personen an einem Konflikt beteiligt.‘."

Wie gehen Sie mit Konflikten in der Familie und im Unternehmen um?

Fabian Stumpfl: „Wir haben uns im letzten Jahr stark mit dem Thema beschäftigt, weil wir einen Familienkodex erarbeitet haben. Es ist ein zentraler Pfeiler in unserer Familie, Konflikte frühzeitig zu erkennen und abzubauen. Wir sind zwei Brüder und eine Schwester, die aber bewusst gesagt hat, dass sie nicht im Unternehmen mitarbeiten möchte.

Mein Bruder Tobias und ich haben den Vorteil, dass wir im Segelflug-Nationalteam gemeinsam geflogen sind und als Team sehr gut funktioniert haben. Das ist auf jeden Fall eine gute Basis für eine konstruktive Zusammenarbeit und daher haben wir nicht so streng geteilte Aufgabenfelder. Mit den Eltern ist es schon schwieriger, aber hier hat der Familienkodex geholfen, vieles bewusster zu machen. Wir haben jetzt eine sehr gute Basis auch für mögliche zukünftige Konflikte.

Es ist ganz wichtig, über Werte, Ziele und Rollen eine Verständigung zu treffen und eine Einigung zu finden, dann funktioniert es auch. Leider wird viel zu oft nicht darüber gesprochen. Wenn daraus dann ein emotionaler Konflikt entsteht, wird es meistens unangenehm. Ein sachlicher Konflikt ist ja etwas Schönes – der kann uns weiterbringen, wenn wir darüber konstruktiv diskutieren."

Tobias Stumpfl: „Eine Familienverfassung bringt den großen Vorteil, dass man einen Anlass hat, darüber zu sprechen."

Folgen Sie gewissen Traditionen in Ihrem Unternehmen?
Fabian Stumpfl: „Wir springen nicht auf jeden Hype auf, sondern schauen lieber, dass wir fundiert arbeiten, wie etwa bei der Neuentwicklung von Produkten. Das ist ein eher traditioneller Denkansatz, mit dem wir immer sehr gut gefahren sind."

Welche Qualifikationen sind nötig, um als Familienmitglied im Unternehmen mitarbeiten zu dürfen?
Tobias Stumpfl: „Ausschlaggebend ist das Interesse am Betrieb und die Bereitschaft, mit anderen Familienmitgliedern konstruktiv zusammenzuarbeiten. Wir haben aber ausgeschlossen, dass Partnerinnen im Unternehmen mitarbeiten dürfen, weil es sehr viele Beispiele gibt, in denen Konflikte ins Unternehmen getragen wurden, die da nichts verloren hatten."

Ab einer gewissen Größe werden die meisten Familienunternehmungen von Fremdgeschäftsführern geleitet. Wie stehen Sie dazu?
Tobias Stumpfl: „Es gibt einen Bereich innerhalb der Geschäftsführung, der ein Verwaltungsjob ist. Ab einer gewissen Firmengröße leisten sich manche Familienunternehmen einen ,Oberadministrator'. Der tatsächliche Geschäftsführer bleibt aber der Eigentümer/-vertreter oder technische Geschäftsführer. Wenn sich die Familienvertreter nur noch auf die Gesellschafter- bzw. Eigentümerrolle konzentrieren, bedeutet das eigentlich, dass sie sich nicht mehr für das Geschäft interessieren. Denn als Gesellschafter kann man sich zwar einbringen, ist aber sehr distanziert vom Tagesgeschäft."

Fabian Stumpfl: „Man könnte auch umgekehrt sagen, dass man als Familienmitglied nicht die Geschäftsführung übernehmen muss. Wenn man jedoch von Geburt an mittendrin war, entscheidet man sich oft freiwillig dafür – idealerweise frei von der Erwartungshaltung der Eltern."

Welche Steuerungsinstrumente sind für ein Familienunternehmen wesentlich?
Fabian Stumpfl: „Kommunikation ist für uns das wichtigste Steuerungsinstrument – der direkte Kontakt zu Abteilungs- und Teamleitern. Gefährlich wird es, wenn einer das Gefühl hat, von der Kommunikation ausgeschlossen zu sein. Dann kommt es zu Gegenbewegungen, die im Nachhinein immer sehr schwer auszugleichen sind. Mein Bruder und ich haben unter uns das Vier-Augen-Prinzip vereinbart, d.h. wir diskutieren schwierige Fragestellungen gemeinsam."

Wie sollte Ihrer Meinung nach die Nachfolge bei einem Familienbetrieb geregelt sein?
Fabian Stumpfl: „Das ist ein komplexes Thema, bei dem es schwierig ist, nach einem bestimmten Schema vorzugehen. Der Prozess ist aufwändiger und komplexer als man denkt. Ich kann nur den Tipp geben, sich frühzeitig und sehr intensiv Gedanken darüber zu machen."

Tobias Stumpfl: „Es ist ratsam konkrete Nachfolgeszenarien durchzuspielen, anstatt darauf zu vertrauen, dass sich schon eine Lösung finden wird. Man sollte immer vom schlimmsten Fall ausgehen, also dass z.B. jemand verstirbt. Im Vordergrund steht immer das Wohl des Unternehmens, weil da 100 Mitarbeiter und ebenso viele Familien betroffen sind. Da ist man gefordert, die notwendigen Rahmenbedingungen zu schaffen, um Missbrauchsmöglichkeiten zu vermeiden – und das beugt wiederum Konflikten vor.

Zum Thema Nachfolge gibt es ein Paradoxon: Zurzeit sind es noch meistens Männer, die Unternehmen leiten. Man kann durchaus sagen, dass das meist patriarchalische Herrscher sind, die sich einerseits wünschen, dass jemand aus der Familie das Unternehmen übernimmt, gleichzeitig aber nicht bereit sind loszulassen und die Führung tatsächlich zu übergeben."

Wie stehen Sie zu dem Vorurteil, dass Unternehmer viel Geld und Freizeit haben?

Fabian Stumpfl: „Fakt ist: Unternehmer ist man nicht von 9:00 bis 17:00 Uhr, sondern 24 Stunden am Tag, 7 Tage die Woche. Es ist immer eine Herausforderung für Unternehmer sich die notwendigen Freiräume zu schaffen, um den Kopf wieder frei zu bekommen und neue Energie zu tanken."

Tobias Stumpfl: „Keiner wird neidisch sein auf einen Unternehmer, der sich immer wieder mit einem möglichen Konkurs oder mit laufenden Verlusten beschäftigen muss. Wenn es gut läuft ist es natürlich relativ leicht zu sagen: ‚Es ist unfair.' Im Verlustfall sagt auch niemand: ‚Der ist ja arm, dem sollte man etwas abnehmen.' Dann heißt es: ‚Das ist die bewusste Entscheidung für das Risiko.'

Es gibt sicher auch schwarze Schafe, die ihre Unternehmen ‚ausquetschen' und das Image von rücksichtslosen Luxusmenschen vorantreiben. Aber es ist wahrscheinlich nicht übertrieben zu sagen, dass 80 bis 90 Prozent der Unternehmer anders agieren und mehr in ihr Unternehmen investieren, als sie herausnehmen. Man kann auch das Gegenbeispiel bringen: Staatsbedienstete haben oft den Ruf, faul zu sein und das System auszunutzen. Da gibt es aber sicher auch einen großen Anteil, gerade in der Lehrerschaft, der hart arbeitet und wirklich etwas für die Gesellschaft tut. Und diese Personen sehen sicher auch jene Kollegen, die für das negative Image der Beamten verantwortlich sind, sehr kritisch. Es gibt immer ein paar schwarze Schafe, die glücklicherweise nicht repräsentativ für die Gesamtheit sind."

Christina Rami-Mark und Rudolf Mark

Wenn ich meine 450 Gehirne in Serie
schalte und eine Lösung finde,
bin ich unschlagbar

Rudolf Mark (Mark Metallwarenfabrik GmbH)

Wenn ich meine 450 Gehirne in Serie schalte und eine Lösung finde bin ich unschlagbar

KommR Ing. Rudolf Mark (Mark Metallwarenfabrik GmbH)

Gemeinsam zum Erfolg

Begonnen hat das Unternehmen Mark vor beinahe 100 Jahren als Erzeuger von Metallteilen für die Schuhindustrie. Im Jahr 1920 gründete Rudolf Mark senior die Schuhösenfabrik Rudolf Mark & Söhne in Spital am Pyhrn. Heute kooperiert die Firma mit der Automobilindustrie, der Medizin- und Elektrotechnik sowie der Baubranche. Bei dem Familienunternehmen steht die Frage im Mittelpunkt: „Wie wird die Welt von morgen aussehen?" Im oberösterreichischen Spital am Pyhrn überragen die Türme der barocken Stiftskirche den kleinen Ort. Nicht weit davon werden bei der Firma Mark Teile für die Automobilindustrie hergestellt. Rudolf Mark, der das Unternehmen seit fast 40 Jahren leitet, sieht sich als „Unternehmer zum Angreifen", für die Bevölkerung in der Region ebenso wie für seine Mitarbeiter. Bei der Geschäftsführung legt Rudolf Mark großen Wert auf Selbständigkeit, Eigeninitiative und gegenseitiges Vertrauen. „Die Leute wollen wissen, warum sie etwas tun, sie möchten nicht jeden Tag irgendwelche Zahlen vorgegeben bekommen, sondern Verantwortung übernehmen." Mark ermutigt seine Mitarbeiter, gemeinsam Lösungen zu finden und ist davon überzeugt, dass Erfolg und Misserfolg immer ein Produkt der ganzen Firma sind. Rudolf Mark erklärt: „Man muss auch über einen Misserfolg gemeinsam nachdenken. Wenn ich meine 450 Gehirne in Serie schalte und eine Lösung finde, bin ich unschlagbar." Auch Aus- und Weiterbildung ist ein Kernthema im Unternehmen: „Ich will, dass meine Mitarbeiter sich jedes Jahr weiterentwickeln und am Stammtisch erzählen, dass sie wieder etwas Neues gelernt haben." Das Leitmotiv des Unternehmens – „Gemeinsam sind wir Mark" – trägt jeder Mitarbeiter als Slogan auf seinem Arbeitsgewand. „Mit diesem Slogan gehen wir mit Stolz in unserer Region spazieren und nicht nur in die Arbeit." Genauso wie neue Ideen der Mitarbeiter gefragt sind, werden auch Fehler als Chance gesehen. „Natürlich gibt es auch Konflikte, wir sind ja keine Wohlfühlgemeinde."

Weiterentwicklung vor Stabilität

Anfangs als Einzelkämpfer an vorderster Front, baute Rudolf Mark mit dem Wachsen des Unternehmens ein fähiges Managementteam auf. Auch externe Berater werden gerne hinzugezogen, um von den Spezialisten Neues zu lernen. „Ich war viel zu lange alleine und es hat sich viel um mich gedreht – was Vor- und Nachteile hat." Als Patriarch würde der Unternehmer sich dennoch nicht bezeichnen. „Patriarch hat für mich etwas Gestriges und Unangreifbares." Mark sieht sich eher als „Unternehmer zum Angreifen und Diskutieren" und wird auch von seiner Umgebung so wahrgenommen. Das Vorurteil, dass Unternehmer gerne im Luxus leben und nichts zu tun haben, wischt er mit einer schnellen Handbewegung weg. „Die Gewerkschaften brauchen ja einen Feind – ‚gemeinsamer Feind vereint' heißt es doch", meint Mark und fügt hinzu, dass er natürlich viel arbeite, wie alle Unternehmer.

Sein persönlicher Luxus sei es, sich immer das gekauft zu haben, was ihm wichtig war – fernab von jeder Geldgier. „Geldgier ist bei mir nicht ausgeprägt", sagt Rudolf Mark. Weiterentwicklung kommt für Mark vor Stabilität: „Ich gehöre nicht zu den Leuten, die Stabilität suchen, denn zu Tode gefürchtet ist auch gestorben." Unternehmer müssten die Zeichen der Zeit erkennen und begreifen, dass man mit den traditionellen Methoden und Themen in der neuen Zeit nur sehr schwer Erfolg haben könne. „Man muss sich nur anschauen, wie die Leute an ihren Smartphones hängen, um zu wissen, welchen Weg Familienbetriebe gehen müssen, um da mitzuhalten."

Osterweiterung

Wenn Rudolf Mark von seinem Werk in Slowenien erzählt, wird der Geschäftsmann nachdenklich. Das Vertrauen der dort ansässigen Bevölkerung zu gewinnen, sei nicht einfach gewesen. „Man hat dort gegenüber Familienbetrieben und Privatunternehmen eine eher negative Einstellung. Der Unternehmer, der vorher vor Ort war, hat in erster Linie darauf geschaut, dass genug in seinem ‚eigenen Sack' war und hat die Leute fast ‚verhungern' lassen." Auch mit dem Freiraum, der zu Rudolf Marks Werten zählt, konnten die slowenischen Angestellten zu Beginn wenig anfangen. „Die wollten klare Regeln und enge Leitschienen, weil sie es von der Planwirtschaft her nicht anders kannten." Im Laufe der Monate ist es Rudolf Mark jedoch gelungen, als Betrieb wahrgenommen zu werden, der sich um seine Leute sorgt. „Ich will keinen Unterschied zu meinen eigenen Leuten haben, ich möchte, dass sich die Mitarbeiter in Slowenien genauso weiterentwickeln. Die Mitarbeiter sollen merken, dass ihnen geholfen wird, wenn es ein Problem gibt und dass die Firma hinter ihnen steht."

Gefühl und Kontrolle

In einigen Jahren wird die Tochter, Dr.in Christina Rami-Mark, die Leitung des Familienbetriebs übernehmen. Nach einem Chemiestudium und diversen Praktika bei Zulieferbetrieben für die Automobilindustrie entschloss sie sich dazu, in die Firma des Vaters einzusteigen. „Sie hat das Zeug, den unbedingten Willen und in vielen Dingen die gleiche Denkweise wie ich." Mark ist stolz darauf, dass seine Tochter mit den Leuten gut zusammenarbeiten kann. „Sie ist eine, die sich die Ärmel hochkrempelt – im Öl und Dreck selbst mitarbeitet – und nicht darauf wartet, dass jemand für sie die Schmutzarbeit übernimmt." Seine Frau dagegen möchte der Unternehmer nicht im eigenen Betrieb haben – Berufliches und Privates werden strikt getrennt. Nur bei internen Kontrollsystemen ist die Tochter anderer Meinung als der Geschäftsführer. Wo Rudolf Mark auf Vertrauen und sein Bauchgefühl setzt, bevorzugt seine Nachfolgerin transparente Vorgänge. „Sie hat natürlich recht, die Kombination aus Gefühl und einem ordentlichen Kontrollsystem macht es aus."
Die Firma zu verkaufen kam für ihn nie in Frage. An seiner früheren Firma vorbeizufahren, ohne zu wissen, was da jetzt passiert, wäre eine unerträgliche Vorstellung für Rudolf Mark gewesen, der Unternehmer mit Leib und Seele ist. „Ich glaube, ich hätte aus der Region wegziehen müssen, weil ich es mental nicht ausgehalten hätte."

fertig montieren

technische Fakten - einfach erklärt...

- „Hochzeit" aller Bestandteile (Standardwerkzeug besteht aus ca. 3000 Einzelteilen)

- jede Woche wird 1 neues Werkzeug fertiggestellt

- für ein Standard-Werkzeug sind etwa 1000 Arbeitsstunden nötig

- die Kosten eines Werkzeugs liegen zwischen 10.000,- und 300.000,- Euro

- Abteilung ist vollständig klimatisiert (22°C)

- ein Standard-Werkzeug wiegt ca. 1 Tonne

Dominik Lercher und Sandra Ender-Lercher

Wir wollen fleißig sein

wie Ameisen

Sandra Ender-Lercher,

Dominik Lercher (Lercher Werkzeugbau GmbH)

Wir wollen fleißig sein wie Ameisen

Interview mit Mag.ᵃ Sandra Ender-Lercher und Ing. Dominik Lercher, BSc
(Lercher Werkzeugbau GmbH)

Vertrauen verbindet

Die Erfolgsgeschichte von Lercher in Klaus begann, wie bei so vielen Mittelständlern, in der berühmten Garage. Im Jahr 1979 gründete Bernhard Lercher mit seiner Frau Monika das Unternehmen, das heute im Industriegebiet am Ortsrand seinen Firmensitz hat. In zweiter Generation wird das Unternehmen inzwischen von ihren Kindern Sandra und Dominik geführt. Mit mehr als 130 Mitarbeitern fertigt die Firma Lercher heute nicht nur Werkzeuge für den Kunststoffspritzguss, sondern übernimmt diese Produktionsstufe auch für die Kunden. Rund eine Milliarde Kunststoffteile verlassen jedes Jahr den Betrieb.

Herr Lercher, welche Werte und Ziele werden in Ihrem Familienunternehmen hochgehalten?
Dominik Lercher: „Ganz typisch für einen Familienbetrieb zählen bei uns Vertrauen und Handschlag – sowohl im internen Miteinander als auch im Umgang mit Kunden und Lieferanten. Die intensive und kontinuierliche Aus- und Weiterbildung des Teams hat ein hohes Qualitätsniveau geschaffen, welches wir dauerhaft erhalten wollen. Gepaart mit dem Einsatz neuester Technologien, nehmen wir so gerne Herausforderungen im Hightech-Bereich an. Dennoch gilt für uns: ‚Beständigkeit geht vor Risiko‘. Wachstum ist bei uns kein Muss bzw. kein Ziel, sondern logische Konsequenz unseres täglichen Handelns.“

Frau Ender-Lercher, bilden Sie in Ihrem Unternehmen auch Lehrlinge aus?
Sandra Ender-Lercher: „Die Lehrlingsausbildung ist bei uns Chefsache, da wir genau wissen, dass die Lehrlinge von heute, die Fachkräfte von morgen sind. Wir schätzen und leben das duale Ausbildungssystem von Betrieb und Schule und arbeiten deshalb auch in der Prüfungskommission des Landes mit. Dominik engagiert sich in der Fachhochschule für den Nachwuchs. Unsere Lehrlinge lernen bereits während ihrer Ausbildung, dank des Rotationsprinzips, alle Abteilungen unseres Betriebs kennen. Das verleiht den so wichtigen ‚Blick über den Tellerrand‘ und ist für die Auszubildenden wertvoll und spannend zugleich. Die Qualität unseres Ausbildungskonzepts wurde mit dem begehrten ‚Hans-Huber-Preis‘ anerkannt. Darüber hinaus ist Lercher seit vielen Jahren ein ausgezeichneter Lehrbetrieb im Land Vorarlberg. Regelmäßig schließen unsere ‚Youngsters‘ ihre Ausbildung mit ‚ausgezeichnetem Erfolg‘ ab.“

Fühlen Sie sich der Tradition verpflichtet?
Dominik Lercher: „Wenn Tradition bedeutet, dass wir unsere Werte pflegen, dann ja. Dennoch verändert sich unsere Gesellschaft und dem müssen wir Rechnung tragen. Verantwortungsgefühl muss man als Unternehmer vorleben – so etwas kann man nicht befehlen. Auf diese Weise entsteht Motivation und ein engagiertes Führungsteam wird geschaffen.“

Gibt es in Ihrem Unternehmen ein Leitmotiv?
Sandra Ender-Lercher: „Wir leben die Zusammengehörigkeit im Team und das schafft Loyalität. Empathie und aktives Zuhören öffnet Türen und Möglichkeiten, sowohl bei Kunden und Lieferanten als auch bei den Mitarbeitern. Unser Leitmotiv ist, dass wir ‚gemeinsam etwas erreichen' wollen – gemeinsam mit dem Team und gemeinsam mit den Kunden.

Gemeinsamkeit schafft Vertrauen – und Vertrauen hat zur Folge, dass wir von unseren Kunden schon in einem sehr frühen Stadium in Produktneuentwicklungen aktiv miteingebunden werden. Dadurch können wird unser Know-how optimal einbringen und es entstanden und entstehen daraus Kundenbeziehungen, die über Jahrzehnte erfolgreich andauern.
Und wenn es darum geht, sich einfach ‚reinzuknien', dann heißt unser Leitmotiv auch mal ganz unspektakulär, dass wir ‚fleißig wie Ameisen' sein wollen."

Beschäftigen Sie auch externe Berater in Ihrem Unternehmen?
Dominik Lercher: „In Steuer- und Finanzfragen greifen wir, wie jedes andere Unternehmen, auf die entsprechenden externen Fachleute zurück. Bei der Weiterentwicklung unserer prozesstechnischen Qualität arbeiten wir sehr eng mit Auditoren zusammen. Unsere Zertifizierung nach IATF – International Automotive Task Force – ist beispielsweise ein solches Projekt gewesen. Das Qualitätsmanagement erfolgt allerdings inhouse mit unseren eigens dafür geschulten Mitarbeitern."

Wie sieht die Aufteilung der Aufgaben zwischen Ihnen aus?
Sandra Ender-Lercher: „Dominik verantwortet den Bereich Werkzeugbau und ich den Bereich Kunststoffspritzguss sowie den betriebswirtschaftlichen Part. Da die Projekte aber meistens beide Abteilungen betreffen, wird übergreifend gearbeitet. Durch diese enge Zusammenarbeit entstehen auch keine Differenzen. Größere Entscheidungen, die das gesamte Unternehmen betreffen, werden ohnehin gemeinsam getroffen."

Wird das Familienleben vom Unternehmen getrennt?
Dominik Lercher: „Als Unternehmer muss man zeitliche Kompromisse im Privatleben eingehen – das ist ein Fakt. Trotzdem versuchen wir beide bewusst, Privates und Berufliches zu trennen. Man braucht auch manchmal diesen Abstand zum unternehmerischen Alltag, um neue Kraft tanken zu können. Und das kommt dann letztlich ja auch wieder dem Betrieb zugute."

Was sind die Erfolgsfaktoren in Ihrem Unternehmen?
Sandra Ender-Lercher: „Sicherlich ist der wertschätzende und partnerschaftliche Umgang mit unseren Kunden ein wichtiger Erfolgsfaktor. Wir wachsen gemeinsam mit unseren Kunden und sind nicht einfach nur die verlängerte Werkbank. Gemeinsam erarbeiten wir Lösungswege für die gestellten Aufgaben.

Unsere Mitarbeiter spüren, dass wir sie als Menschen und Experten wertschätzen. Sie sind die Ansprechpartner und Berater unserer Kunden und geben diesen Spirit auch nach außen weiter.

Weitere Punkte für unser dynamisches Wachstum sind sicher auch die flache Hierarchie, die schnellen und unbürokratischen Kommunikationswege sowie die dadurch erzielte Flexibilität, die von unseren Kunden sehr geschätzt wird."

Arbeiten Unternehmer mehr als andere?
Dominik Lercher: „Ja natürlich! Wer Verantwortung für sein Unternehmen übernimmt, wird mit einem Achtstundentag und Dienst nach Vorschrift keinen Erfolg haben. Trotzdem ist das persönliche Zeitmanagement wichtig, um motiviert zu bleiben."

Wie gehen Sie mit Konflikten um?
Dominik Lercher: „Die Ursachen für Konflikte sind oft in menschlichen oder persönlichen Problemen zu finden. Deshalb ist es wichtig zuhören zu können, um sich den Standpunkt des anderen zu verdeutlichen. Konflikte sind jedoch in einem gewissen Maß wichtig, weil sie zeigen, dass da Menschen mit unterschiedlichen Meinungen an eine Aufgabe herangehen. Das schafft letztlich bessere Lösungen als würde eine gleichgeschaltete Masse unreflektiert ausführen, was man ihr anschafft. Die tägliche Aufgabe des Managements ist es aber, große Brüche und Differenzen erst gar nicht entstehen zu lassen – das passiert durch regelmäßige und offene Dialoge. Und ein konstruktiv gelöster Konflikt sorgt dafür, dass genau dieses Problem eben nicht mehr auftritt."

Wie wird die Nachfolge in Ihrem Unternehmen geregelt?
Sandra Ender-Lercher: „Jede Generation lebt der nächsten das Unternehmersein vor – mit allen Höhen und Tiefen –, wobei die positiven Erfahrungen überwiegen sollten. So können sich die Nachfolger selbst ein Bild machen, ob sie diesen Weg gehen möchten. Wichtig ist uns vor allem, dass wir unseren Kindern vorleben, dass es nicht in erster Linie um das Materielle geht, sondern um die Chance sich zu verwirklichen und sein ‚Ding' zu machen. Denn genau diese Erfolgserlebnisse sind es, die die Lebensqualität ausmachen."

Alexandra und Gertraud Hasenöhrl

Die 40-Stunden-Woche ist im
Familienbetrieb, speziell in
der Gastronomie und Hotellerie,
ein Ding der Unmöglichkeit

Gertraud Hasenöhrl, Alexandra Hasenöhrl

(Hotel Himmelreich)

Die 40-Stunden-Woche ist im Familienbetrieb, speziell in der Gastronomie und Hotellerie, ein Ding der Unmöglichkeit

Interview mit Gertraud Hasenöhrl und Alexandra Hasenöhrl (Hotel Himmelreich)

Wie im Himmel

Das Hotel Himmelreich in Wals-Siezenheim nahe Salzburg lockt mit wunderschönen Zimmern und einer einladenden Sonnenterrasse. Es wurde von Gertraud Hasenöhrl gegründet, die das Unternehmen heute gemeinsam mit Ehemann Alois und Tochter Alexandra leitet.

Frau Hasenöhrl, was sind denn die wichtigsten Erfolgsfaktoren in Ihrem Unternehmen?
Gertraud Hasenöhrl: „Wir halten zusammen und teilen uns die Arbeit gut auf. Wir kennen unsere Gäste und haben einen guten Standort. Ich hatte vor 17 Jahren die Idee mit den Themenzimmern – zu uns kommen Touristen und Berufstätige, wie etwa Messegäste.

Und was vielleicht auch wichtig ist: Ich bin eine, die aufhören kann. Die Gäste werden jünger und die Unternehmerin muss ebenfalls jünger werden – vom Denken her. Ideen von einer 40-Jährigen sind einfach anders als die von einer älteren Person. Und jetzt spreche ich gezielt die männlichen Unternehmer aus der Branche an: ‚Wenn man sich mit 70 Jahren noch immer überall einmischen muss, was soll denn dann aus dem Familienbetrieb werden?' Ich habe 15 Jahre lang, 12 bis 18 Stunden am Tag, 7 Tage die Woche gearbeitet – irgendwann muss dann einmal Schluss damit sein, vor allem, wenn ich eine gute Jungunternehmerin im eigenen Betrieb habe. Ich bin ganz zufrieden mit meinem Leben."

Was macht Ihrer Meinung nach einen Familienbetrieb aus?
Gertraud Hasenöhrl: „Ich kann heute, wenn ich einen Familienbetrieb leite, nicht die Tür schließen und sagen: ‚Hinter mir, das geht mich nichts mehr an.'
Als Familienbetrieb ist man dafür aber offener, flexibler und kann schneller reagieren als Konzerne. Wenn unsere Kinder krank sind, hole ich sie eben ganz schnell aus dem Kindergarten oder der Schule ab.
Das ist ein Vorteil, den eine Angestellte nicht immer hat. Wenn man feststellt, dass der Betrieb Geld braucht, spricht man miteinander und reduziert so lange sein Einkommen, bis es wieder ‚leichter' geht. Für mich hat immer alles zwei Seiten, eine positive und eine vielleicht nicht so schöne."

Sehen Sie auch Nachteile für Familienbetriebe?
Gertraud Hasenöhrl: „Von Seiten der Regierung wurden uns in den letzten Jahren nur Steine

in den Weg gelegt. Viele sagen dann: ‚Der Betrieb läuft jetzt nicht so gut, eigentlich ist das nicht so mein Traumjob‘, und lassen es dann. Weil die gesetzlichen und politischen Rahmenbedingungen nicht gegeben sind, ist das auch ein Grund, warum manche Betriebsübergaben scheitern.“

Alexandra Hasenöhrl: „Ja, die letzten 10 Jahre waren politisch gesehen nicht unbedingt unternehmerfreundlich – leider. Das kann sich jetzt nicht von heute auf morgen ändern, aber ich denke in den nächsten fünf Jahren muss es in eine andere Richtung gehen. Familienbetriebe sollten besser unterstützt werden.“

Gertraud Hasenöhrl: „Ich sage immer, dass man ‚von unten anschieben‘ kann – man muss aktiv sein, auch politisch.“

Sehen Sie dennoch eine Zukunft für Familienunternehmen?
Alexandra Hasenöhrl: „Ich glaube, dass Familienunternehmen im Tourismus eher Zukunft haben als in anderen Branchen, weil es hier mehrere kleinere Betriebe gibt. Heute wird mehr Wert auf die Familie gelegt. Es steht nicht mehr so das Arbeiten im Vordergrund – sonst hat man das ganze Leben gearbeitet und die Kinder versäumt. Ich glaube, dass da die Wertigkeiten meiner Generation anders sind, als die meiner Mutter.“

Gertraud Hasenöhrl: „Das stimmt, der nachfolgenden Generation ist die Work-Life-Balance weitaus wichtiger.“

Alexandra Hasenöhrl: „Man muss jedoch sagen, dass meine Generation sich das nur aufgrund der Errungenschaften der älteren Generation leisten kann. Wenn meine Eltern und meine Großmutter nicht so viel erarbeitet hätten, wäre dieses Denken gar nicht möglich. Die Aufbauarbeit wurde schon gemacht.“

Gertraud Hasenöhrl: „Ich habe den Betrieb gegründet und aufgebaut, das heißt ich musste da sein, musste alles unter einen Hut bringen.“

Arbeiten Unternehmer mehr als andere?
Getraud Hasenöhrl: „Auf jeden Fall! Die 40-Stunden-Woche ist im Familienbetrieb, speziell in der Gastronomie und Hotellerie, ein Ding der Unmöglichkeit. Man darf gar nicht nachrechnen, weil man dabei auf Stundenzahlen kommt, die einfach nicht passen.“

Alexandra Hasenöhrl: „Aber man lebt im Betrieb und vom Betrieb.“

Gertraud Hasenöhrl: „Wir besprechen oft beim Mittagessen wichtige Angelegenheiten und haben vielleicht einmal im Monat eine größere Besprechung – mehr ist einfach nicht drin, weil die Zeit fehlt. Die letzten Jahre waren wirklich hart, und es war auch eine Belastungsprobe für die Familie.“

Alexandra Hasenöhrl: „Deshalb sind Mitarbeiter wichtig, auf die man sich verlassen kann."

Beschäftigen Sie in Ihrem Unternehmen auch externe Berater?
Getraud Hasenöhrl: „Wir hatten 25 Jahre eine gute Freundin, die aus der Beratung kam und zusätzlich Erfahrung in der Gastronomie mitbrachte. Sie hat wertvolle Sichtweisen von außen in unser Unternehmen eingebracht. Leider ist sie vor kurzem verstorben. So jemanden kann ich jedem Familienbetrieb nur empfehlen."

Wie sollte Ihrer Meinung nach die Nachfolge geregelt sein?
Getraud Hasenöhrl: „Sie sollte auf jeden Fall bestmöglich für den Betrieb geregelt sein. Ich bin mir lange nicht sicher gewesen, ob meine Tochter Alexandra im Unternehmen bleibt. Alexandras ältere Schwester hätte eigentlich den Betrieb übernehmen sollen, aber sie wäre keine Unternehmerin gewesen. Du kannst niemanden zwingen, auch nicht in Familienbetrieben. Es ist heute zunehmend ungewiss, ob ein Kind den elterlichen Betrieb übernehmen wird. Ich bin sehr froh, dass es bei uns so gekommen ist."

Alexandra Hasenöhrl: „Falls meine Kinder Interesse zeigen sollten, müssten sie zuerst in einem anderen Gastronomie- oder Hotelleriebetrieb Erfahrungen sammeln und eine gute Ausbildung abschließen. Immer unter der Voraussetzung, dass sie das auch wirklich wollen – keinerlei Zwangsverpflichtung, kein ‚du musst das übernehmen, weil es Tradition ist.' Wichtig ist mir auch festzuhalten, dass dieser Betrieb nicht etwas ist, das mir gehört, sondern ich verwalte ihn möglichst gut und entwickle ihn weiter – es ist mein Elternhaus. Es ist immer leicht ein erfolgreiches Unternehmen zu übernehmen, aber man muss es auch erhalten können."

Wie stehen Sie zum Thema Familienverfassung?
Getraud Hasenöhrl: „Ich denke, dafür ist unser Unternehmen zu klein. Wir haben einen fließenden Übergang zwischen Familie und Betrieb."

Sind österreichische Familienunternehmen besonders traditionsbewusst?
Getraud Hasenöhrl: „Ich glaube, es liegt in der Tradition von Familienunternehmen, dass sie nicht so schnell aufgeben. Für Unternehmen war es noch nie so schwierig als in den letzten Jahren. Die Rahmenbedingungen müssen sich ändern. Wenn das jetzt noch zwei oder drei Jahre so weitergeht, werden viele Familienunternehmen aufhören."

Alexandra Hasenöhrl: „Familienbetriebe haben meistens so viel Substanz, so viele Werte, dass sie sich sehr gut überlegen, ob sie aufhören oder nicht. Aber gerade diese Substanz wird stark von den Rahmenbedingungen beeinflusst."

Andreas und Walter Heindl

Jeder weiß, was in der
Familienverfassung steht und fühlt
sich moralisch verpflichtet

Walter Heindl, Andreas Heindl (Walter Heindl GmbH)

Jeder weiß, was in der Familienverfassung steht und fühlt sich moralisch verpflichtet

KommR Walter Heindl und KommR Andreas Heindl (Walter Heindl GmbH)

Süße Verführung

In Wien Liesing ist einer der berühmtesten Süßwarenhersteller Österreichs zuhause: die Confiserie Heindl. Andreas und Walter Heindl führen heute das weltweit bekannte Unternehmen. Sissi Taler und Mozartkugel – die Confiserie Heindl ist heute ein Aushängeschild für österreichische Konditorkunst. Gegründet wurde sie im Jahr 1953 im 5. Wiener Gemeindebezirk von Walter Heindl senior, der mit seiner Frau Maria Likörpralinen und Konfekt herstellte. In der Nachkriegszeit bestand ein großer Bedarf an Süßwaren – Greissler und Zuckerlgeschäfte machten ein gutes Geschäft. „Unser Vater ist in der ersten Zeit noch mit dem Rucksack und mit der Straßenbahn zum Ausliefern gefahren", erzählt Walter Heindl. Was sich allerdings bald änderte: Im Jahr 1967 wurde aufgrund des steigenden Absatzes der Firmensitz nach Wien Liesing, in eine ehemalige Schuhpastafabrik, verlegt und die Produktion ausgeweitet. 1987 übernahm Walter Heindl gemeinsam mit seinem Bruder Andreas den Betrieb. „Unser Vater ging zwar offiziell in Pension, hat uns aber weitere zehn Jahre tatkräftig unterstützt." Im Jahr 2001 wurde das Schokolademuseum eröffnet und 2006 die Firma Pischinger übernommen.

Den großen Erfolg ihres Unternehmens erklären die Brüder mit Zusammenhalt und kurzen Entscheidungswegen. „Wenn wir uns für etwas entschieden haben, wird das unter vier Augen besprochen und dann schnell erledigt", erklärt Walter Heindl. Die Unternehmer gehen mit offenen Augen durch die Welt, immer mit dem Anspruch, sich selbst treu zu bleiben. „Wir versuchen immer, unseren eigenen Weg zu gehen – manchmal auch mit Scheuklappen." Die Qualität der Produkte steht dabei immer an erster Stelle.

Zusammenhalt und Diplomatie

In einer Familienverfassung wurden Regeln und Wertigkeiten innerhalb des Unternehmens festgelegt. „Es geht um Zusammenhalt und das Bewusstsein, dass der andere auch das Beste für die Firma will", sagt Walter Heindl. „Wenn alle ernsthaft daran interessiert sind, das Beste für die Firma zu tun und dabei gegenseitiger Respekt herrscht, wird das funktionieren." Die Brüder betonen, dass jedes Familienmitglied an der Familienverfassung mitgearbeitet hat. „Jeder weiß, was drinsteht und fühlt sich moralisch verpflichtet."

Ausschlaggebend ist in der Firma Heindl auch, dass jeder sich weiterentwickeln kann. „Das geht nur mit Diplomatie", meint Andreas Heindl. „Man muss den anderen die Luft zum Atmen lassen und darf nicht über alle drüberfahren."

Bei der Confiserie Heindl sind die Grenzen zwischen Familie und Unternehmen fließend, beim Mittagstisch wird immer auch über das Geschäft gesprochen. Die Brüder sind im Betrieb der Eltern aufgewachsen, selbst am Sonntag läuteten die Kunden bei der Familie an. „Wenn wir unsere Mutter oder unseren Vater untertags sehen wollten, sind wir ins Geschäft gegangen, das war für uns ganz normal." Mit den eigenen Kindern und Enkelkindern wird es genauso gelebt.

Bauchentscheidungen und Risikofreude

Der Name Heindl steht in Österreich für Qualität. „Mir hat einmal ein Berater gesagt, ‚Sie sind die schärfste Waffe der Firma‘", erzählt Andreas Heindl. „Er meinte damit, dass unser Name beim Kunden sehr gut ankommt." Von Businessplänen halten die zwei Brüder wenig, es wird viel aus dem Bauch heraus entschieden. „Es reicht aus, einen Plan im Kopf zu haben, den du dir vorstellen kannst. Alles was vorstellbar ist, kann auch umgesetzt werden", ist Walter Heindl überzeugt. Sein Bruder fügt hinzu: „Einmal hat uns eine Bankerin nach dem Umsatz in zwei bis drei Jahren gefragt – wir haben damals 28 Millionen Schilling Umsatz gemacht –, und der Walter hat gesagt: ‚In drei Jahren machen wir 35 bis 37 Millionen Schilling.‘ Und das Lustige war, dass es wirklich so gekommen ist – ganz ohne Businessplan." Überhaupt scheint Risikobereitschaft eine Eigenschaft zu sein, die die Heindls auszeichnet. Zahlreiche neue Ideen wurden im Laufe der Jahre umgesetzt, wie etwa der Sissi Taler. „Wir haben damals eine neue Anlage gekauft und dann noch Stanoliermaschinen und Klebemaschinen – die Investitionen lagen bei rund 30 Millionen Schilling."

Der Vater war von der Experimentierfreude seiner Söhne nicht immer begeistert. „Der ist dann meistens in den Wald gerannt und nach zwei Stunden wandern ist es ihm besser gegangen", lacht Andreas Heindl und fügt hinzu: „Die Mutter hat immer zu uns gehalten und ihn wieder beruhigt." Die Investition hat sich jedenfalls ausgezahlt: Mit dem Sissi Taler konnte der Umsatz in einem Jahr beinahe verdoppelt werden. „Das war wirklich ein schöner Einstieg in die Tourismusbranche, die wir bis zu diesem Zeitpunkt total vernachlässigt hatten." Ziel ist es, im Tourismusbereich noch weiter zu wachsen. „Wir haben noch einiges mit der Marke Mozart vor und glauben, dass wir da einen guten Weg finden werden."

Fairtrade-Schokolade

Heute ist Heindl nicht nur einer der größten Süßwareneinzelhändler Österreichs, sondern auch ein weltweit exportierendes Unternehmen. Die Eigenkreationen sind bis über die Grenzen hinaus als klassisches Wiener Konfekt berühmt. Im Jahr 2014 wurde das Unternehmen Partner des neu ins Leben gerufenen Fairtrade-Kakaoprogramms.

Walter und Andreas Heindl führen nun seit 30 Jahren das Unternehmen mit dem Ziel, es an die dritte Generation weiterzugeben. „Ich diskutiere oft mit meiner Tochter Barbara, die viele fantastische Ideen, aber noch nicht genügend Einblick in die Produktion hat", erzählt Walter Heindl. Die nächste Generation soll möglichst viel in die Produktion miteinbezogen werden, um das Geschäft langsam und gründlich kennenzulernen.

„Du musst im Leben ein gewisses Feuer haben und von etwas überzeugt sein. Und wenn du die Überzeugung nicht hast, dann bist du nicht mehr richtig am Platz – dann ist Zeit für die nächste Generation", sind die beiden Unternehmer überzeugt. Das nächste Ziel steht für die Brüder Heindl jedenfalls fest: Mit ihrem Betrieb die Nummer eins in Österreich zu werden.

Waltraud und Karl Guschlbauer

Wenn ein Ehepaar

nicht mehr streitet, dann ist
schon alles vorbei

Waltraud Guschlbauer, Karl Guschlbauer (Guschlbauer GmbH)

Wenn ein Ehepaar nicht mehr streitet, dann ist schon alles vorbei

Waltraud Guschlbauer und Karl Guschlbauer (Guschlbauer GmbH)

Gut gebacken

Seit beinahe 35 Jahren verwöhnt die Familie Guschlbauer ihre Kunden mit typisch österreichischen Backwaren. Waltraud und Karl Guschlbauer stehen heute an der Spitze des Familienunternehmens, das seinen Standort im oberösterreichischen St. Willibald hat. In ihrer Produktion legen sie ebenso Wert auf Innovationen wie auf regionale Qualität: „Bei uns gibt es ‚Punschkrapferl' und ‚Linzeraugen', aber keine ‚Cookies' oder ‚Brownies'", sagt Karl Guschlbauer. „Wir sind sehr verwurzelt in der Region."

Das Unternehmen wird mit viel Herzlichkeit und familiärer Nähe geführt, den Mitarbeitern begegnet man auf Augenhöhe. „Ein Familienunternehmen kann nur dann erfolgreich sein, wenn die Familienmitglieder gut miteinander auskommen. Wenn es in der Familie Unruhe gibt, dann wirkt sich das massiv auf das Unternehmen aus."

Die Eheleute haben bei der Arbeit eine klare Aufgabentrennung: Karl Guschlbauer ist für den Vertrieb zuständig, seine Frau für die Produktion. „Es muss bei der Arbeit und auch privat eine strikte Trennung geben", ist Guschlbauer überzeugt.

Kundenorientierung und Wertschätzung gegenüber den Mitarbeitern stehen bei den Unternehmenswerten ganz oben. „Eine Reinigungsdame, die am Abend kommt, hat denselben Stellenwert wie jeder andere Mitarbeiter."

Meinungsverschiedenheiten werden auf Augenhöhe ausdiskutiert, niemand wird vor anderen bloßgestellt. Die Guschlbauers vertreten den Standpunkt, dass Konflikte eine gute Beziehung ausmachen. „Wenn ein Ehepaar nicht mehr streitet, dann ist schon alles vorbei", ist Waltraud Guschlbauer überzeugt. „Wenn es keinen Konflikt gibt, kommt man auch nicht weiter. Jeder Konflikt ist eine Stufe für die nächste Lösung."

Regelmäßige Auszeiten

Bei der Unternehmensführung setzt das Ehepaar stark auf Controlling: Planungs-, Koordinations- und Kontrollaufgaben. „Wie ist der aktuelle Stand der Kosten? Da darf ein Familienunternehmen auch nicht anders agieren als ein Konzern." Ein Jahresplan hilft, den Überblick zu bewahren: Wie sieht die Strategie für das kommende Jahr aus? Welche Produkte werden neu auf den Markt gebracht? Wie sieht die Personalplanung aus? „Man muss auch als Familienunternehmen sehr auf die Unternehmenszahlen achten und danach steuern, wenn man auf Dauer erfolgreich bleiben will." Eine langfristige Unternehmensplanung sei in diesen schnelllebigen Zeiten jedoch schwer möglich – hier ist Flexibilität gefragt: „Der Markt verändert sich und es ist schwer zu sagen, was in drei Jahren sein wird. Vielleicht werden die Singlehaushalte mehr und wir brauchen kleinere Verpackungen." Langfristige Planung im Groben – kurzfristige Planung im Detail.

Um im Geschäftsleben bestehen zu können, schwört das Ehepaar Guschlbauer auf eine gewisse Leichtigkeit und regelmäßige Auszeiten. Beide halten nichts davon, den ganzen Tag, sieben Tage die Woche zu arbeiten und dabei womöglich den Blick für das Ganze zu verlieren. „Es ist die Aufgabe der Geschäftsführung, die Firma auch mal von außen zu betrachten", ist Karl Guschlbauer überzeugt. Die Leidenschaft und Begeisterung für die Arbeit sei ausschlaggebend. „Zur Bewahrung der Leidenschaft und Begeisterung für den Beruf muss man sich ab und an eine Auszeit gönnen." Das Ehepaar erzählt von einem Wochenende in der Schweiz, von Geschäften und Konditoreien, die wertvolle Inspirationen für das eigene Geschäft lieferten und von einem schönen Abendessen zu zweit. „Man hat größeren Erfolg, wenn man hin und wieder rauskommt, das bringt frischen Wind ins Geschäft. Und wir verbinden dann meist auch das Geschäftliche mit dem Privaten."

Bodenständiges Bauchgefühl

Die Guschlbauers stehen zu ihrem Vermögen und zu allem, was sie sich erarbeitet haben – ohne damit zu protzen. „Uns geht es finanziell gut, und das ist uns auch wichtig. Wir erbringen nicht umsonst so viel Leistung und wollen auch in der Pension etwas davon haben." Unternehmer sollten sich etwas leisten dürfen und das auch nicht verstecken müssen. „Das heißt ja noch lange nicht, dass wir abgehoben sind." In ihrem Heimatort werden die Guschlbauers für ihre Bodenständigkeit geschätzt und respektiert. Sie legen viel Wert auf gute Kontakte zu den Nachbarn und schauen auch mal beim Frühschoppen vorbei. „Wir sind für die Leute zwar anders, weil wir auch anders agieren als sie, sind aber trotzdem integriert. Wenn wir kommen, rutschen die Menschen zusammen und laden uns ein." Auch die Mitarbeiter fühlen sich im Familienunternehmen gut aufgehoben. „Sie wollen nicht in einem Konzern eine Nummer sein, sondern in einem Unternehmen eingebunden und wertgeschätzt werden." Ähnlich sieht es die Familie mit Geschäftspartnern, die zu Freunden werden – und umgekehrt. „Das funktioniert deshalb gut, weil wir klar trennen: Wir verschenken nichts und uns muss auch niemand etwas schenken." Besonders wichtig ist den Guschelbauers die Ehrlichkeit gegenüber den Geschäftspartnern.

Bei neuen Mitarbeitern verlässt Waltraud Guschlbauer sich auf ihr Bauchgefühl, sie spürt instinktiv, ob jemand zur Firma passt oder nicht. Für gute Manager sind die Guschlbauers auch bereit, gut zu zahlen. „Wer bei uns arbeitet, muss unsere Philosophie tragen: menschlich sein, aber auch Power haben." Es wird Leistung gefordert, aber auch viel zurückgegeben.

Die nächste Generation

Bei der Nachfolge gibt sich das Ehepaar, Eltern zweier Töchter, zurückhaltend. Sie sehen einen Unterschied zwischen einem Betrieb, der neu gegründet wurde und alteingesessenen Unternehmen. „Wir haben damals ganz neu angefangen, bei nichts. Ein Familienbetrieb, der schon über mehrere Generationen besteht, wird sich sicher mehr darum bemühen, das Unternehmen an die nächste Generation weiterzugeben." Die Unternehmer halten nichts davon, den Kindern oder Enkeln die Firma mit Gewalt aufzudrängen und möchten abwarten, wie sich die Dinge entwickeln. „Das Wichtigste ist, gut zu wirtschaften, dann werden wir eine Lösung finden. Wir sind noch nicht so alt, dass wir das morgen schon entscheiden müssen."

Das Ehepaar Guschlbauer ist davon überzeugt, dass Familienunternehmen Zukunft haben, wenn sie sich kontinuierlich weiterentwickeln, nicht stehenbleiben und die Mitarbeiter in diese Entwicklung miteinbeziehen. „Sie sollen die neuen Aufgaben und neuen Produkte mit uns gemeinsam umsetzen können."

Ulrike Rabmer-Koller

Es gibt viele Unternehmer,
die weniger verdienen
als ihre Mitarbeiter

Ulrike Rabmer-Koller (Rabmer Gruppe)

Es gibt viele Unternehmer,
die weniger verdienen als ihre Mitarbeiter

Interview mit KommR Mag.ª Ulrike Rabmer-Koller (Rabmer Gruppe)

Tradition und Innovation

Die Firma Rabmer mit Sitz in Altenberg bei Linz ist nicht nur Komplettanbieter im regionalen Bau, sondern hat sich auch auf den Bereich Umwelttechnologie spezialisiert. Rabmer verbindet erfolgreich Firmentradition mit Innovation, regionaler Verankerung und internationalem Erfolg. Die Firma wurde 1963 von Josef und Maria Rabmer gegründet und wird seit 2002 von deren Tochter, Ulrike Rabmer-Koller, in zweiter Generation geführt.

Frau Rabmer-Koller, wie schätzen Sie die Bedeutung von Familienunternehmen für die österreichische Wirtschaft ein?
Ulrike Rabmer-Koller: „Familienunternehmen sind ganz klar Zukunftsmodelle der Wirtschaft, da sie ihr Geschäft über Generationen bewahren und langfristige Ziele haben. Vier von fünf österreichischen Unternehmen sind Familienunternehmen, deshalb bilden sie die Grundpfeiler des österreichischen Wirtschaftsstandortes. Es sind vor allem Familienunternehmen, die Steuern zahlen, Arbeitsplätze schaffen, Lehrlinge ausbilden und damit für den Wohlstand in unserem Land sorgen."

Gibt es klare Ziele und Werte, die Ihr Familienunternehmen verfolgt?
Ulrike Rabmer-Koller: „Als regionaler Komplettanbieter im Baubereich erfüllen wir die Wohnträume von Familien aus der Umgebung. Und mit unserer Umwelttechnologie tragen wir wesentlich zum Umwelt- und Klimaschutz bei. Wir haben auch ein sehr familiäres Verhältnis zu unseren Mitarbeitern – wir sind das Rabmer-Team. Wichtig sind mir, ein wertschätzendes Miteinander in allen Bereichen sowie langjährige Partnerschaften und Kooperationen. Ausschlaggebend ist auch ein Zusammenspiel von Tradition und Innovation. Unser Unternehmen hat sich in den letzten Jahrzehnten kontinuierlich verändert und ich glaube, dass es speziell für Familienunternehmen wichtig ist, sich diesen Veränderungen immer wieder zu stellen."

Welche Qualifikationen sind nötig, um als Familienmitglied im Unternehmen arbeiten zu dürfen?
Ulrike Rabmer-Koller: „Wesentlich sind natürlich eine gute Ausbildung, Talent und das Interesse an der unternehmerischen Tätigkeit. Und es braucht natürlich auch Führungsqualitäten sowie den optimalen Zugang zu den Mitarbeitern.

Bei meinen Kindern, die jetzt 21 und 22 Jahre alt sind, habe ich immer versucht das Interesse für das Unternehmen zu wecken, ihnen aber nie auferlegt, dass sie mir einmal nachfolgen müssen. Sie haben beide eine technische Grundausbildung, studieren jetzt Wirtschaft und

Architektur und zeigen Interesse im Unternehmen zu arbeiten. In erster Linie sollen sie das machen, was ihnen Freude bereitet. Sie sollen selbst entscheiden in welche Arbeit sie ihr Herzblut stecken möchten. Es ist sicher nicht jedes Kind automatisch für die Führung eines Unternehmens geboren."

Was halten Sie davon, dass mehrere Familienmitglieder im gemeinsamen Betrieb arbeiten?
Ulrike Rabmer-Koller: „Es kann sehr positiv sein, wenn die Fähigkeiten und Talente für die jeweilige Position gegeben sind und die Familienmitglieder gut miteinander auskommen. Wichtig ist dabei aber, klare Aufgabenbereiche und Zuständigkeiten zu definieren. Diese müssen dann natürlich auch gelebt werden. Wenn Geschwister das Unternehmen gemeinsam übernehmen, sollte festgelegt werden, dass deren Partner nicht im Unternehmen tätig sein dürfen, denn dies kann oft zu zusätzlichen Konflikten führen."

Welche Steuerungsinstrumente sind für ein Familienunternehmen wesentlich?
Ulrike Rabmer-Koller: „Es braucht wie in jedem anderen Unternehmen strategische Planung und Controlling. Man muss sich immer wieder mit den Märkten, den Produkten und mit der Zukunft auseinandersetzen. Es ist auch ratsam sich ab und an aus dem Alltagsgeschäft herausnehmen und es quasi von außen auf den Prüfstand zu stellen. Wesentlich ist auch, sich nie mit dem Status quo zufriedenzugeben, sondern sich immer wieder mit der Veränderung auseinanderzusetzen."

Wie gehen Sie mit der Schnittstelle Familie und Unternehmen um?
Ulrike Rabmer-Koller: „Mein Mann hat seine eigene Firma und so gehen wir beruflich getrennte Wege. Natürlich stehen wir einander aber immer mit Rat und Tat zur Seite. Wenn es mehrere Familienmitglieder in einem Unternehmen gibt, muss man darauf achten, dass Konflikte nicht in die Familie oder umgekehrt in das Unternehmen getragen werden. Konflikte können sowohl ein Unternehmen als auch eine Familie gefährden, daher ist es wichtig, diese möglichst schnell zu lösen."

Wie sollte die Nachfolge geregelt sein?
Ulrike Rabmer-Koller: „Das muss man immer individuell betrachten, aber eine Übergabe muss unbedingt gut geplant und entsprechend umgesetzt werden. Weiters braucht es zwischen Übergeber und Übernehmer klar definierte Zuständigkeiten und gegenseitige Wertschätzung. Einer der häufigsten Konflikte in Familienunternehmen entsteht, wenn es keinen klaren Übergabeplan und Übergabezeitpunkt gibt, der Übergeber nicht loslassen kann und der Übernehmer keinen eigenständigen Bereich bekommt.
Ich werde sicherlich eine Übergabe rechtzeitig planen und habe das Unternehmen schon so aufgebaut, dass, falls sich beide Kinder für eine Nachfolge entscheiden sollten, jeder einen eigenen Bereich weiterentwickeln kann. Wichtig ist auch, dass beide Kinder nach dem Studium

noch in anderen Unternehmen Erfahrungen sammeln und so einen Blick von außen auf das Unternehmen gewinnen."

Wie stehen Sie zum Thema Familienverfassung?
Ulrike Rabmer-Koller: „Eine Familienverfassung ist sicherlich bei größeren Unternehmen wichtig. Wir haben beispielsweise geregelt, dass bei mehreren Familienmitgliedern nicht alle Nachkommen in das Unternehmen einsteigen. Wir wollen damit vermeiden, dass es in drei Generationen zwanzig verschiedene Eigentümer gibt."

Der Großteil der Familienunternehmungen ist im Besitz und unter der Führung einer prägenden Persönlichkeit. Wird das in Zukunft auch so bleiben?
Ulrike Rabmer-Koller: „Das ist wahrscheinlich ein Generationenthema. Meine Generation pflegt nicht mehr den autoritären, sondern eher den demokratischen Führungsstil. Meiner Meinung nach erreichen jene Führungspersönlichkeiten, die vorangehen und dabei das Team mitnehmen, wesentlich mehr als Patriarchen."

Was geht vor, die Fortführung von Bewährten oder die Weiterentwicklung?
Ulrike Rabmer-Koller: „Man muss sich immer weiterentwickeln. Jedes Unternehmen steht ständig auf dem Prüfstand. Gerade in Zeiten der Globalisierung und Digitalisierung, wo alles immer schneller wird, muss man sich regelmäßig mit allen Entwicklungen, mit jedem einzelnen Produkt und den Märkten auseinandersetzen. Wir schauen uns mindestens einmal im Jahr an, wo wir stehen und wohin wir uns entwickeln möchten. Da spielen natürlich die Mitarbeiter eine wichtige Rolle, denn sie müssen diese Veränderungen mittragen. Aus- und Weiterbildung sind hier sicherlich die Schlüssel zum Erfolg."

Wie könnte man eine langfristige Bindung zu externen Managern herstellen?
Ulrike Rabmer-Koller: „Eine Möglichkeit ist, Führungskräfte am Unternehmenserfolg zu beteiligen. So identifizieren sich die Manager noch stärker mit dem Betrieb und dessen positiver Entwicklung."

Unternehmer haben den Ruf, überwiegend vermögend zu sein und im Luxus zu leben. Fakt ist jedoch auch, dass Unternehmer durchschnittlich viel mehr arbeiten als Angestellte. Wie stehen Sie dazu?
Ulrike Rabmer-Koller: „Das Bild von den Unternehmern, die mit dem Geldkoffer unterwegs sind, wird bewusst transportiert und stimmt nicht mit der Realität überein. Es gibt sogar viele Unternehmer und Unternehmerinnen, die weniger verdienen als ihre Mitarbeiter. Sie tragen aber großes persönliches Risiko und arbeiten viele Stunden – das wird oft übersehen.
Es gibt keine Arbeitszeitregelung, egal ob am Abend, am Wochenende oder im Urlaub, man ist immer für die Firma unterwegs. Unternehmer sind es, die Arbeitsplätze schaffen, Wachstum generieren und damit auch den Wohlstand in unserem Land sichern. Politik dagegen kann nur Rahmenbedingungen gestalten, aber keine Arbeitsplätze schaffen.

Deshalb braucht es auch wieder mehr Wertschätzung für die Leistungen der Unternehmer und Unternehmerinnen in unserem Land."

Nicole Ehrlich-Adám

Manchmal gibt es ein großes Gewitter
und danach ist die Luft klarer

Nicole Ehrlich-Adám (EVVA Sicherheitstechnologie GmbH)

Manchmal gibt es ein großes Gewitter und danach ist die Luft klarer

Mag.ᵃ Nicole Ehrlich-Adám (EVVA Sicherheitstechnologie GmbH)

Gut gesichert

Ob Vorhangschlösser oder Schließzylinder, das Wiener Familienunternehmen EVVA hat sich einen Namen mit Sicherheitslösungen aller Art gemacht. Im Jahr 1919 gründeten drei Ingenieure die „Erfindungs-Versuchs-Verwertungs-Anstalt" (EVVA), die schon damals den Anspruch hatte, erfinderisch zu sein und neue Ideen zu verwirklichen. „Mein Urururgroßvater, Karl Grundmann, war bereits 1862 der erste, der ein Patent in der Schlossproduktion einreichte", erzählt Nicole Ehrlich-Adám. Sie führt gemeinsam mit ihrem Mann, Stefan Ehrlich-Adám, in dritter Generation das Unternehmen.

EVVA ist heute europaweit einer der führenden Hersteller von Zutrittslösungen. In neun europäischen Ländern wurden eigene Niederlassungen gegründet. Exporte bis Übersee beweisen das internationale Vertrauen in die Schließtechnik von EVVA. Der kreative und dynamische Blick in die Zukunft sowie das ausgeprägte Innovationsbewusstsein sind geblieben. Das Leitmotiv der Firma: „Mit Passion die Sicherheit für andere schaffen."

Einen gemeinsamen Weg finden

Mein Mann und ich sitzen seit 25 Jahren gemeinsam in einem Büro", erzählt Nicole Ehrlich-Adám über die Leitung des Unternehmens. Wie sich das auf das Familienleben auswirkt? „Es ist wichtig, zwischen geschäftlichen und familiären Konflikten zu trennen", ist die Unternehmerin überzeugt. „Wenn man das klar im Auge hat, kann man durchaus unterschiedlicher Meinung sein – das kann sogar befruchtend wirken." Wenn man partnerschaftlich miteinander umgehe, finde sich immer eine Lösung, so die Meinung der Unternehmerin. „Dann setzt man sich hin, um Dinge zu klären und findet einen gemeinsamen Weg."

Sowohl bei der Arbeit als auch in der Familie legt Nicole Ehrlich-Adám großen Wert auf direkte Kommunikation. „Bei uns wird nicht hinter dem Rücken anderer geredet, sondern offen kommuniziert. Ich selbst bin ein sehr direkter Mensch – manchmal gibt es ein großes Gewitter und danach ist die Luft klarer." Auch bei den Führungskräften wird Wert auf kommunikative Fähigkeiten gelegt. Die Geschäftsführer müssen strategisch denken, stets die langfristige Entwicklung des Unternehmens im Auge behalten und gut zwischen Risiko und Potential abwägen. Die Unternehmerin hat den Ausspruch eines Mitarbeiters als Leitsatz übernommen: „Inhalt vor Ego". Persönliche Konflikte haben demnach nichts im Unternehmen verloren.

Der Mensch im Mittelpunkt

Bei EVVA steht der Mensch im Mittelpunkt – Kunden, Partner und Mitarbeiter –, mit all seinen Bedürfnissen und Wünschen. „Wir wollen Nutzen schaffen, bevor der Kunde überhaupt weiß, dass dieser Nutzen existiert", sagt Nicole Ehrlich-Adám. Gegenüber Mitarbeitern wird ein Umgang gepflegt, der geprägt ist von Wertschätzung, Respekt und Fairness. „Ich denke, Menschen arbeiten gerne in Familienunternehmen, weil es einen achtsameren Umgang und eine größere Nähe zwischen Unternehmern und Mitarbeitern gibt."

Wie sieht die Unternehmerin die Weitergabe an die nächste Generation? „Ich habe mir geschworen, meinen Kindern den Weg gehen zu lassen, den sie wirklich gehen wollen – da haben sie alle Freiheiten." Nicole Ehrlich-Adám ist davon überzeugt, dass die Zeiten, in denen es als selbstverständlich galt, in die Fußstapfen der Eltern zu treten, vorbei sind. Die alleinige Tatsache, dass man Familienmitglied ist, berechtige jedenfalls noch nicht zur Unternehmensführung. Ein abgeschlossenes Studium, Erfahrung in anderen Unternehmen und die Möglichkeit, sich im Unternehmen unter Beweis zu stellen, seien die Voraussetzungen. „Würde eines meiner Kinder Interesse zeigen, müssten auch sie sich einem Hearing stellen, um zu zeigen, inwiefern sie geeignet sind." Die Nachfolge müsse jedenfalls geregelt sein. Wichtig ist ein Managementteam, auf das man sich im Notfall verlassen kann. „Man muss einerseits den Nachfolgern Vertrauen entgegenbringen, sie aber dennoch gut prüfen."

Auch bei der Führung des Unternehmens setzt Nicole Ehrlich-Adám auf Eigenverantwortung – Patriarchen hätten ausgedient. Das Ziel müsse eine selbstregulierende Organisation des Teams sein.

Stärker in der Gruppe

Neben Aufsichtsrat, Geschäftsleitung und regelmäßigem Reporting gibt es bei EVVA klar definierte Steuerungselemente: „Wir haben ein jährliches Strategiemeeting. Die darauffolgenden Bereichsworkshops greifen die Themen aus dem Strategieworkshop auf. Daraus leiten die Führungskräfte dann die Ziele für die einzelnen Mitarbeiter ab." Zweimal im Jahr finden zudem Niederlassungskonferenzen statt, um die Geschäftsführer der Niederlassungen auf dem Laufenden zu halten. Diese Konferenzen umfassen neben Themenworkshops auch Jahresgespräche. „Es gibt in der heutigen Zeit so viel Wissen zu verwalten, dass das einer alleine gar nicht mehr machen kann. Deshalb müssen wir als Gruppe noch stärker werden." Was wiederum voraussetze, dass sich jeder Einzelne seiner Verantwortung bewusst sei und aus Fehlern lerne. „Fehler sollten ganz bewusst auch als Chance gesehen werden." Lebenslanges Lernen sei das Ziel, so die Unternehmerin. „Nur stetige Veränderung und das gemeinsame Hinterfragen ermöglicht uns das Lernen."

Ähnlich sieht Nicole Ehrlich-Adám ihre soziale Verantwortung: „Man muss Menschen unterstützen, denen es nicht so gut geht, aber am wichtigsten ist es, die Menschen anzuhalten, sich selbst zu helfen."

Unterstützt wird die Firma von einem externen Berater. Auch das Recruiting wurde ausgelagert, um den Blick von außen zu gewährleisten.

Nachhaltiges Denken

Nicole Ehrlich-Adám ist überzeugt, dass es bei Familienunternehmen eine engere Bindung und ein nachhaltigeres Handeln gibt. Zeitperioden werden längerfristig und generationenübergreifend gesehen. „Jedes Unternehmen ist dann erfolgreich, wenn es einen klaren Wertekodex hat."

Als Erfolgsfaktoren im Unternehmen sieht die Geschäftsführerin leidenschaftliche Mitarbeiter, die etwas bewegen wollen, gepaart mit einer tiefen Verbundenheit zum Unternehmen. „Es gibt eine gemeinsame Vision, die verfolgt wird und eine starke Entwicklungsmannschaft." Dazu kommt auch die Bereitschaft sich gegen den Wettbewerb, unter dem Einsatz der neuesten Technologien und Techniken, durchzusetzen. Das erfolgreiche Zusammenspiel von Forschung und Entwicklung sowie Produktion sei ebenfalls ein wichtiger Erfolgsfaktor des Unternehmens.

EVVA hat mehrere Auszeichnungen im Umweltbereich erhalten und gibt alle drei bis vier Jahre einen Nachhaltigkeitsbericht heraus. Dazu gehört für Nicole Ehrlich-Adám auch die Verantwortung für ihre Mitarbeiter: „Unter Nachhaltigkeit fällt für mich auch, dass wir hier am Standort Wien Arbeitsplätze für 460 Mitarbeiter und europaweit für 750 Mitarbeiter schaffen und absichern."

Friedrich und Robert Schmid

Unternehmen und Privatleben

sind strikt zu trennen

Robert Schmid (Schmid Industrieholding GmbH)

Unternehmen und Privatleben
sind strikt zu trennen

Interview mit Mag. Robert Schmid (Schmid Industrieholding GmbH)

International erfolgreich

Im niederösterreichischen Wopfing befindet sich der Sitz der Baustoffgruppe Schmid Industrieholding. Zur Holding gehören mehr als 118 Unternehmen und strategische Beteiligungen mit rund 6.000 Mitarbeitern. Das Unternehmen wurde 2017 vom Industriemagazin unter die besten Industriebetriebe Österreichs gewählt.

Herr Schmid, sind Familienbetriebe Auslauf- oder Zukunftsmodelle?
Robert Schmid: „Wenn Verhältnisse klar geregelt sind, es vernünftige Gesellschafterverträge gibt, jeder klare Funktionen hat und nur eine sehr begrenzte Zahl an Familienmitgliedern im Unternehmen mitarbeitet, dann sind Familienbetriebe genauso zukunftsfähig wie alle anderen Unternehmen. Vielleicht sind sie sogar noch zukunftsfähiger, weil sie auf Langfristigkeit ausgerichtet sind und nicht auf Quartalsberichte. Wenn eine Aktiengesellschaft öffentlich 500 Personen kündigt, dann steigen die Aktienkurse. Im Gegensatz dazu, wenn wir im Familienbetrieb einmal ein schlechteres Jahr haben – das hängt bei uns oft vom Wetter ab –, kündigen wir die Mitarbeiter nicht gleich, sondern behalten sie. Das wird von den Mitarbeitern sehr geschätzt.

In Familienbetrieben werden oft rasch Entscheidungen getroffen, manchmal auch Risikoentscheidungen. Wir haben lange überlegt an die Börse zu gehen, uns jedoch dagegen entschieden. Wenn bei uns vier Entscheidungen getroffen werden, müssen drei funktionieren. Deswegen haben wir auch keine Stiftung gemacht, sondern eine Holding mit ganz klaren Verträgen, wer wofür zuständig ist.“

Was sind die Erfolgsfaktoren in Ihrem Unternehmen,
welche Werte und Ziele verfolgen Sie?
Robert Schmid: „Klar, offen und geradlinig sein, loben und schimpfen, nicht zu viel politisieren, für Probleme Lösungsvorschläge haben und Eigenständigkeit der Führungskräfte. Ganz wichtig ist: Die Leute müssen Spaß an der Arbeit haben. Wir schauen bei Personalaufnahmen nicht auf Noten, sondern uns ist wichtig, dass wir aktive Mitarbeiter einstellen, die etwas bewegen wollen.“

Welche Rolle spielt das Thema Regionalität bei den Erfolgsfaktoren?
Robert Schmid: „Für den Standort ist Regionalität ein wichtiger Faktor, aber sobald man expandiert, zum Beispiel nach Tschechien oder Russland, ist die heimische Regionalität von untergeordneter Wichtigkeit – obwohl wir als Baustoffhersteller immer regionale Bedeutung

haben, weil wir Nahversorger sind. Aufgrund der Logistikkosten macht es keinen Sinn weltweit zu denken. Unser geographischer Radius beschränkt sich auf Europa, die Türkei und China.

Am Anfang steht eine Handelsgesellschaft, aber es muss immer die Perspektive geben später vor Ort zu produzieren. Wir haben in Ungarn begonnen, vom Ursprungswerk aus nach Österreich geliefert und erst später eine lokale Produktion errichtet. In einem weiteren Schritt haben wir von Ungarn aus nach Rumänien und in die Slowakei expandiert und auch dort Produktionsstätten errichtet. Heute sind wir mit unseren Markenprodukten in ganz Europa vertreten – es sind zum Teil schwierige und herausfordernde Märkte."

Welche Qualifikationen sind notwendig, um als Familienmitglied im Betrieb mitarbeiten zu können?

Robert Schmid: „In der letzten Generation war es noch relativ leicht, es wird aber immer schwieriger. Bei uns war es damals so, dass ich der einzige war, der Interesse hatte. Der alte Gesellschaftsvertrag sah noch vor, dass der Erstgeborene übernimmt. Heute bestimme ich den Geschäftsführer, der dann mindestens fünf Jahre bleibt. Danach kann die Mehrheit entscheiden, ob jemand anderer gewählt wird. Ich glaube, wir haben sehr gute Gesellschafterverträge. Es gibt Rechte der Familienstämme und jeder muss sich einem Familienstamm unterordnen. Es wird immer eine sehr begrenzte Anzahl – nämlich vier – an Entscheidern geben, damit es überschaubar bleibt und eine schnelle Entscheidungsfindung gewährleistet ist. Einer muss führen, die Familie sitzt im Beirat und kann mitentscheiden."

Wie sieht es in Ihrem Betrieb mit internen Kontroll- und Steuerungssystemen – Funktionstrennung, interne Revision, Vier-Augen-Prinzip – aus?

Robert Schmid: „Wir haben das Vier-Augen-Prinzip, es wird nicht einfach Geld von einer Person überwiesen. Es gibt sehr klare Geschäftsordnungen, deren Einhaltung auch kontrolliert wird. Wir haben Länderbereichsleiter, die zuständig sind für regionale Produkte und einheitliche Werbung in den Ländern. Die Revision machen nicht wir selbst, sondern Außenstehende."

Wie gehen Sie mit der Schnittstelle zwischen Familie und Unternehmen um?

Robert Schmid: „Zwei der Kinder, die nur drei Minuten von hier leben, kommen oft zum Mittagessen und da wird viel besprochen. Ein gemeinsames Sekretariat hat sich ebenfalls gut bewährt. So wissen alle über die Pläne jedes Einzelnen Bescheid."

Wie bereiten Sie die junge Generation auf die Nachfolge vor?

Robert Schmid: „Sie machen ihre Ausbildung bzw. fangen gerade an zu studieren. Danach wird sich zeigen, ob überhaupt Interesse besteht und dann müssen sie sich beweisen. Wichtig ist, dass sie zuerst etwas anderes machen und ihr Geld außerhalb des Familienbetriebs verdienen. Ich habe das nicht getan und bin gleich in den Betrieb eingestiegen. Liebe zum Produkt und zu dem, was wir tun, muss unbedingt vorhanden sein. Die Kinder haben schon früh vieles miterlebt und den Spaß daran gefunden."

Wie sollte die Nachfolge geregelt sein?

Robert Schmid: „Jeder kann seinen Anteil innerhalb der Familie weitergeben, wie er will, wichtig ist nur, dass das Unternehmen in der Familie bleibt. Bei zwei Personen mit gleicher Qualifikation, die für die Führung in Frage kommen, würde ich das Familienmitglied bevorzugen, selbst, wenn es eine Spur schlechter abschneidet. Es ist etwas anderes, wenn es um die eigene Firma und das eigene Geld geht, als wenn man nur ‚der Manager‘ ist."

Wie stehen Sie zu einer Familienverfassung?

Robert Schmid: „Wir haben einen Gesellschaftsvertrag, der genau festschreibt, wer welche Entscheidungen zu welchen Mehrheiten trifft. Ich empfinde ein Regularium, wie die Familie miteinander umgehen soll, prinzipiell als nicht so schlecht, wir haben aber noch keines. Das könnte ein Thema werden, wenn mein Vater nicht mehr ist. Momentan gibt es ihn noch als Schiedsrichter, weil er die Mehrheit hat."

Sehr viele Familienunternehmen übergeben an die nächste Generation, wenige denken an Verkauf. Wie sehen Sie das?

Robert Schmid: „Es heißt ja: ‚Die erste Generation baut das Unternehmen auf, die zweite baut es aus und die dritte fährt es an die Wand.‘ Ich bin die dritte Generation und als ich begonnen habe, dachte ich, genieße es so lange, bis du es an die Wand fährst. Ich habe mich sehr intensiv damit beschäftigt, ob das nur ein Gerücht ist und rund 50 Fälle studiert – und es stimmt tatsächlich. In neun von zehn Fällen waren es familiäre Probleme. Der Großvater hat gegründet, in der zweiten Generation gab es zwei oder drei Geschwister und die Aufteilung funktionierte noch ganz gut. Aber in der dritten Generation sind es dann oft schon zu viele Leute, die nicht mehr zusammenkommen. Oft kommen die Frauen ins Spiel, die wissen wollen, warum andere mehr bekommen – etwa ein Dienstauto oder eine Reinigungskraft.

Es kann nur dann funktionieren, wenn Firma und Privatleben strikt getrennt werden. Man muss die Stärke haben, einen Fremden in die Firma zu holen, wenn ein Familienmitglied für die Unternehmensleitung ungeeignet ist. Man muss sich bewusst sein, dass eine gutgehende Firma immer mehr einbringt, auch an Vermögen, als das eigene Gehalt. Es ist besser, eine kompetente dritte Person das Unternehmen führen zu lassen, die darauf fokussiert ist das Vermögen der Firma zu vermehren. Wir schütten relativ wenig an Gewinnen aus und reinvestieren in den Betrieb und sind dadurch eigenkapitalmäßig sehr gut aufgestellt. Wir hätten damals in Prag oder Budapest viele Häuser kaufen können, weil wir überall bautechnisch saniert haben. Wir haben das Geld aber lieber in die Produktion gesteckt, das hat mehr Spaß gemacht."

Robert Ebner

Blut darf nicht
vor Können kommen
Robert Ebner (Ebner Industrieofenbau GmbH)

Blut darf nicht vor Können kommen

Interview mit KommR Mag. Robert Ebner (Ebner Industrieofenbau GmbH)

Weltweiter Nischenplayer

Die Firma Ebner Industrieofenbau ist internationaler Marktführer im Bereich von Wärmebehandlungsanlagen für die Metallhalbzeugindustrie und legt größten Wert auf Forschung und Entwicklung. Geschäftsführer Robert Ebner hat das Unternehmen nach dem Tod seines Vaters im Jahr 2008 übernommen.

Herr Ebner, was ist das Besondere an Familienunternehmen?
Robert Ebner: „Das Schöne ist, dass man mit sehr viel Herzblut und Leidenschaft bei der Sache ist und dass man etwas bewegen kann. Die Kunden schätzen die Kontinuität und die selbstauferlegte Verpflichtung in Generationen zu denken, zum Wohle der Mitarbeiter und Kunden. Es ist anders als bei börsennotierten Unternehmen, die sehr oft nur in Quartalen denken, um ihre Aktionäre zufriedenzustellen oder den eigenen Bonusanspruch zu optimieren. Die Entscheidungen, die ich treffe, müssen viele Jahre halten, am besten bis zur nächsten Generation."

Welche Leitmotive, Traditionen, Ziele und Werte zeichnen Ihren Familienbetrieb aus?
Robert Ebner: „Wir entwickeln, konstruieren und fertigen Wärmebehandlungsanlagen für die Stahl-, Aluminium- und Buntmetallindustrie. Da geht es um das Erwärmen und Abkühlen, damit die Metalle im Anschluss weiterverarbeitet werden können. Was uns von unseren Mitbewerbern unterscheidet ist, dass wir ein Nischenplayer sind, der weltweit tätig ist und stark auf Forschung und Entwicklung fokussiert ist. Wir fertigen in eigenen Produktionsstätten auf drei Kontinenten – Europa, Asien und Amerika –, während die meisten unserer Mitbewerber Engineering-Firmen ohne eigene Forschung und Fertigung sind."

Welche Qualifikation ist nötig, um als Familienmitglied im Unternehmen mitarbeiten zu dürfen?
Robert Ebner: „Ich glaube, eines der größten Probleme in Familienunternehmen ist, wenn ‚Blut vor Können' kommt. Bei uns lautet die Devise: ‚Wenn man schon das Glück hat, zur Familie zu gehören, werden eher höhere Erwartungen an einen gestellt als an andere Mitarbeiter.' Und so hat es auch schon mein Vater gehalten."

Wie sieht es mit Steuerungssystemen und internen Kontrollsystemen aus?
Sind Funktionstrennung, Vier-Augen-Prinzip und interne Revision ein Thema?
Robert Ebner: „Ich bin alleiniger Geschäftsführer und unserem Aufsichtsrat verpflichtet – wir haben weltweit 1.200 Mitarbeiter. Man hört ja oft, dass börsennotierte Unternehmen sehr viele Vorschriften und Regeln einhalten müssen, was natürlich auch einen gewissen Vorteil hat. Im

Unternehmen haben wir ein sehr gutes Controlling mit strikten Richtlinien installiert, und selbstverständlich spielt da das Vier-Augen-Prinzip auch eine wesentliche Rolle."

Braucht es auch eine Familienführung in dem Sinn, dass man die verschiedenen Familienstämme koordiniert?
Robert Ebner: „In Fällen, in denen es mehrere Familienstämme gibt, ist es gut, wenn die Mitglieder auch in verantwortungsvollen Positionen mitarbeiten. Sie verstehen dann besser, mit welchen Problemen Geschäftsführer konfrontiert sind. Es ist sicher auch im Kundenkontakt vorteilhaft, wenn der CEO des Unternehmens auch der Eigentümer ist, gerade wenn es sich bei den Kunden ebenfalls um Familienunternehmen handelt."

Wie sollte die Nachfolge in einem Familienunternehmen geregelt sein?
Robert Ebner: „Nachfolger sollte man nur werden, wenn man einerseits die Leidenschaft und Bereitschaft hat viel Zeit in die Firma zu investieren und andererseits durch eine fundierte Ausbildung dazu befähigt ist. Verantwortlich in einem Familienunternehmen zu sein, bedeutet rund um die Uhr im Einsatz zu sein. Das ist kein Job von 8:00 bis 17:00 Uhr. Man muss sich der Verantwortung bewusst sein und man braucht auch eine Familie bzw. eine Frau, die das versteht. Und man muss es mit Freude machen. In dem Moment, wo es zur Belastung wird, hat man schon verloren!"

Wie wird die nächste Generation auf die Nachfolge vorbereitet?
Robert Ebner: „Meine Kinder sind jetzt 25 und 24 Jahre alt, mein Sohn hat in Amerika studiert und im Sommer in verschiedenen Firmen Praktika absolviert. Derzeit arbeitet er bei uns, aber nicht direkt unter mir, sondern projektbezogen für andere Führungskräfte. Meine Tochter studiert noch und arbeitet in den Ferien bei uns. Beide haben Interesse und wissen, dass sie mehr leisten müssen als andere, wenn sie im Unternehmen Karriere machen wollen und dass ich diesbezüglich ein sehr strenger Vater und Chef bin.

Bei mir war es so, dass ich sehr viel mitbekommen habe, weil meine Eltern Kunden auch von zuhause aus betreut haben – auch das ist typisch für ein Familienunternehmen. Ich habe gesehen, wie mein Vater gelitten hat, als die Auftragslage schlecht war und Mitarbeiter abgebaut werden mussten, da bereits alle anderen Lösungsmöglichkeiten ausgeschöpft waren.

Ich glaube, das Wichtigste ist, dass man den Job gerne macht, Hausverstand besitzt, die Leute gerne für einen arbeiten und man sich seiner Vorbildrolle bewusst ist. Ganz wichtig ist es auch, seine Entscheidungen den Mitarbeitern möglichst transparent darzulegen."

Wie gehen Sie mit Konflikten in der Familie oder im Unternehmen um?
Robert Ebner: „Manches ist über einen Gesellschaftsvertrag und in unserem Fall über einen Syndikatsvertrag geregelt. Wenn es Probleme gibt, ist – wie in allen Bereichen des Lebens –

sicher eine offene Kommunikation sehr wichtig. Gegenseitige Wertschätzung, ein respektvolles Miteinander und sich in die Rolle des anderen hineinzuversetzen, sind die Eckpfeiler einer erfolgreichen Beziehung zwischen Entscheidungsträgern, Gesellschaftern und Mitarbeitern."

Wie stehen Sie zum Thema Familienverfassung?

Robert Ebner: „Ich setze mich mit dem Thema immer wieder sehr intensiv auseinander. Es gibt verschiedene Vereine und Plattformen, die dieses Thema ansprechen. Alle ein bis zwei Jahre besuche ich solche Veranstaltungen, um mich auf dem Laufenden zu halten. Spannend dabei ist, dass, egal welche Branche und welches Land, die Herausforderungen immer die gleichen sind und Themen wie die Regelung der Nachfolge überall auftauchen. Da kann man sicher vieles lernen."

In den nächsten Jahren werden viele Familienunternehmen übergeben. Wie traditionsbewusst sind österreichische Familienunternehmer, hat sich im Führungsstil etwas verändert?

Robert Ebner: „Ich glaube, es hat sich sehr viel verändert, und auch bei uns ist das Geschäftsmodell heute wesentlich komplexer, nicht zuletzt, weil wir in den letzten 10 Jahren stark gewachsen sind. Heute braucht man ein starkes Team, man kann nicht mehr alle Entscheidungen alleine treffen und muss sich auf seine Führungskräfte verlassen können.

Letztendlich ist jedoch einer der großen Vorteile von Familienbetrieben, dass die Entscheidungswege sehr kurz sind und Entscheidungen schnell getroffen werden. Das ist ein echter Wettbewerbsvorteil in unserer schnelllebigen Zeit.

Viele Unternehmen planen langfristig, aber ein Familienbetrieb denkt in Generationen, setzt sich noch mehr mit Strategien auseinander und macht nicht unbedingt bei jedem Hype sofort mit. Familienbetriebe wachsen deshalb vielleicht langsamer, dafür aber stetig und beständig.

Entscheidungen, die getroffen werden, müssen für Mitarbeiter und Kunden gleichermaßen richtig sein – dann passt es am Ende auch für die Familie!"

Maximilian und Josef Priglinger

Man muss sich
um Konsens bemühen

Josef Priglinger (Biohort GmbH)

Man muss sich um Konsens bemühen

Interview mit Dr. Josef Priglinger (Biohort GmbH)

Die gesamte Familie entscheidet

Die Biohort GmbH aus dem Mühlviertel – „bios" steht für Leben und „hortus" für Garten – vertreibt Stauraumlösungen und Gerätehäuser. Geschäftsführer ist seit 1997 Josef Priglinger, der heute gemeinsam mit seinem Sohn Maximilian die Unternehmensgruppe Priglinger leitet. Dazu gehört auch die Schwesterfirma Ascendor GmbH, die auf Lifte und Aufzüge spezialisiert ist.

Herr Priglinger, was macht Familienbetriebe besonders erfolgreich?
Josef Priglinger: „Familienbetriebe sind sozial und auf nachhaltiges Generationendenken bedacht, was letztendlich gut für die Wirtschaft und die Gesellschaft ist. Es stehen nicht nur die Gewinne im Vordergrund, sondern eine Familie denkt längerfristig und investiert mehr in das Unternehmen. Es geht hier nicht nur um Zielerreichungsprämien, sondern um langfristige Strategien und den Erhalt der Firma. Auf der anderen Seite zeichnen sich Familienunternehmen durch schnelle Entscheidungen und klare Strukturen aus."

Was sind die Erfolgsfaktoren in Ihrem Unternehmen?
Josef Priglinger: „In erster Linie Mut: Ich habe ein Management-Buy-out gemacht, das nicht leicht zu finanzieren war. Man braucht aber auch Glück und eine Vision. Gleichzeitig sollte man auch etwas von der Materie verstehen. Mein Vater war Schlosser, daher konnte ich schon immer gut mit Blechen umgehen. Für die Produktion im großen Umfang habe ich gute Leute gefunden – im Mühlviertel hat man dafür die besten Voraussetzungen.

Wir haben eine klare Strategie vor Augen gehabt und uns immer auf unsere Kompetenzen konzentriert. Unser Angebot von Stauraumlösungen und Metallgeräten ist etwas, das die Leute brauchen. Exporterfahrung habe ich in der voestalpine gesammelt und meine Bereitschaft, in fremde Märkte zu investieren, war ebenfalls vorhanden."

Gibt es bestimmte Ziele und Werte, die Ihr Familienunternehmen verfolgt?
Josef Priglinger: „Unser Ziel war es die Marktführerschaft in unserer Nische zu erreichen und das haben wir eigentlich schon übererfüllt, weil wir ursprünglich gar nicht so groß werden wollten. Man braucht jedoch eine bestimmte Mindestgröße, was die Organisationsstruktur betrifft. Für die wichtigsten zentralen Funktionen ist der Einsatz von Stellvertretern von Vorteil.

Was die Werte betrifft, so sind gute Mitarbeiter am wichtigsten, da sie eine Firma ausmachen. Man muss gut auf sie schauen, sie motivieren und einbinden und ihnen die notwendige Freiheit gewähren. Aber auch die Kunden müssen sich auf uns verlassen können. Man muss eine langfristige Strategie ‚fahren', um das Vertrauen der Kunden zu gewinnen. Wenn die Qualität und das Marketing passen, kann nicht viel schiefgehen. Übertriebene Kontrollen gibt es bei uns nicht – vieles basiert auf Vertrauen und bei langjährigen Mitarbeitern braucht es keine Kontrolle."

Familienunternehmen brauchen nicht nur eine gute Geschäfts- sondern auch eine gute Familienführung. Können Sie dieser Aussage etwas abgewinnen?
Josef Priglinger: „Mit den Begriffen Familienführung und Patriarch habe ich ein Problem. Wir haben eine Familien-GmbH, da sind alle meine Kinder und meine Frau beteiligt. Auch wenn ich durch meine Erfahrung und die erbrachten Leistungen eine stärkere Stimme habe, steht der Konsens im Vordergrund. Gerade bei Geschäftsführerbestellungen werden Entscheidungen ausdiskutiert und dann auf breiter Basis getroffen. Bei uns wird alles konsensorientiert entschieden – anders geht es gar nicht, da Entscheidungen von der gesamten Familie getragen werden müssen."

Wie gehen Sie mit der Schnittstelle Familie und Unternehmen um?
Josef Priglinger: „Die Schnittstelle ist fließend. Es ist nicht so, dass man die Bürotür schließt und dann ist alles nur mehr privat. Ich bin der Arbeitgeber von 360 Mitarbeitern mit Familie, da hat man eine gewisse Verantwortung – das ist aber auch schön und sinngebend. Ich sage immer zu meinen Kindern, dass ich gerne in die Arbeit fahre. Andererseits ist es wichtig, eine gewisse Distanz zu wahren und zu wissen, dass es auch mal eine oder zwei Wochen ohne den Chef geht."

Wie sollte die Nachfolge geregelt sein?
Josef Priglinger: „Um die Nachfolge muss man sich rechtzeitig umsehen und die Talente der Kinder erkennen. Es ist ein Glück, wenn man talentierte und interessierte Kinder hat. Andererseits ist auch ein Fremdmanagement nichts Schlechtes."

Wie bereiten Sie die junge Generation auf die Nachfolge vor?
Josef Priglinger: „In meinem Fall müssen die potentiellen Nachfolger technisches und wirtschaftliches Talent haben, und ich unterstütze meine Kinder bei der Auswahl der Studienrichtung. In der Familie wird immer über die Firma geredet, die Kinder sind bei Firmenfeiern und Ausflügen dabei und machen in der Firma Ferialjobs. Sie waren immer schon eng mit dem Unternehmen verbunden.

Mir ist aber auch wichtig, dass sie externe Firmenerfahrungen sammeln. Mein Sohn war bei zwei anderen Unternehmen und das war eine ganz wichtige Erfahrung für ihn. Direkt nach dem Studium in die Firma einzutreten ist sicher nicht das Beste."

Gibt es in Ihrem Unternehmen eine Familienverfassung?
Josef Priglinger: „Ja, wir haben eine Familienverfassung unterschrieben, an die wir uns auch halten. Wir haben einen Familienkodex und es gibt jedes Jahr einen Familientag. Auch wenn man nicht alles regeln kann und man vieles ausreden muss. Das Gute an unserer Stiftung ist, dass sie niemandem gehört, sondern die Familie redet mit, wenn es um die Konstruktion der Holding geht. Es ist eine sehr gute rechtliche und empfehlenswerte Konstruktion. In den vielen Gesprächen, die zur Familienverfassung führen, werden wichtige Themen, wie die Unternehmensnachfolge oder wie man mit Gewinnausschüttungen umgeht, besprochen."

Es werden sehr viele Familienunternehmen an die nächste Generation weitergegeben, nur wenige denken an den Verkauf. Sind österreichische Familienunternehmen besonders traditionsbewusst?
Josef Priglinger: „Warum soll man verkaufen, wenn es geeignete Nachkommen gibt und das Geschäft für die Zukunft Erfolg verspricht? Ich bekomme auch alle paar Monate Kaufangebote, die ich mir hin und wieder sogar anhöre. Aber ich denke absolut nicht daran zu verkaufen und die Familie auch nicht. Warum soll ich mich von etwas Gutem trennen?"

Ursula Simacek

Jeder soll das machen,
was er wirklich gut kann

Ursula Simacek (Simacek Facility Management Group GmbH)

Jeder soll das machen, was er wirklich gut kann

KommR Mag.ᵃ Ursula Simacek (Simacek Facility Management Group GmbH)

Nachhaltige Geschäftsführung

Im Jahr 1998 trat Ursula Simacek in das Unternehmen ein. Seit 2006 ist sie Geschäftsführerin der familiengeführten Simacek Facility Management Group. Den Grundstein für den österreichischen Leitbetrieb legten die Firmengründer, Großvater Ladislaus Adalbert Simacek und Großmutter Helene Simacek, bereits 1942. Gestartet wurde das Angebot mit Schädlingsbekämpfung. Heute zählt die Organisation 10 Geschäftsbereiche mit über 70 Spezialisierungen.

Die international tätige Gruppe mit Hauptsitz in Wien beschäftigt über 8.000 Mitarbeiter und Mitarbeiterinnen und zeichnet sich durch eine Unternehmensführung aus, die konsequent den Weg des nachhaltigkeits-integrierten Managementansatzes geht. Ursula Simacek setzt sich auch gemeinsam mit anderen Unternehmen für verantwortungsvolles Wirtschaften ein und fördert dadurch die nachhaltige Entwicklung in Österreich.

Generationenmanagement

Ursula Simacek absolvierte ein Studium, das sie wirklich interessierte und von dem sie überzeugt war, dass es ihr auch im Unternehmen nützlich sein würde. Oft haben Studenten der Fachrichtung Publizistik und Kommunikationswissenschaft nicht sehr realistische Vorstellungen vom späteren Erwerbsleben. Sie möchten meist berühmte Journalisten, geniale Werbetexter oder gefragte PR-Strategen werden. Manche Publizistik-Absolventen werden sogar Bundeskanzler, aber CEO einer international tätigen Firmengruppe mit über 8.000 Mitarbeitern und Mitarbeiterinnen zu werden, das übersteigt die Vorstellungskraft der meisten – vor allem dann, wenn die Branche wenig glamourös und fernab der Medien- und Werbewelt ist, wie eben das Facility Management.

Bei Ursula Simacek war das ganz anders. Ihr Einstieg ins Familienunternehmen war von der Familie geplant, aber auch für die heutige Geschäftsführerin schon immer klar und gewünscht. „Als ich ein Kind war, wollte ich immer in den Betrieb, habe dort gespielt, meine Hausaufgaben gemacht, mit der Bilanzbuchhalterin geplaudert und später meine Ferialjobs absolviert." Der Einstieg in den Familienbetrieb kam aber früher als geplant, aufgrund von bedauerlichen Umständen: Ihr Vater führte damals in zweiter Generation gemeinsam mit seiner Schwester Christine den Betrieb.

Er verstarb aber sehr früh, gerade als Ursula Simacek maturiert hatte. Also musste ihre Tante die Führung allein übernehmen. „Sie fragte mich, ob ich das Unternehmen einmal übernehmen möchte. Ich wollte das unbedingt und habe daher ein Studium gewählt, das es mir erlaubte nebenher die nötigen Fachausbildungen zu absolvieren."

Blick nach vorne

Ursula Simacek ist davon überzeugt, dass Familienunternehmen das Rückgrat der österreichischen Wirtschaft bilden: „Was ist beständiger als der Familienverband? Familienunternehmen sind loyal und nachhaltig und das über Generationen hinweg." Die Attraktivität des Familienunternehmens liegt für sie in der langfristigen Mitarbeiterbindung. „Man hat eine ganz andere Verantwortung den Mitarbeitern gegenüber als ein externer Manager, dessen Bonus vielleicht davon abhängt, Mitarbeiter abzubauen", erklärt Ursula Simacek.

Gleichzeitig vertraut die Unternehmerin aber auch auf externe Berater, vor allem im Bereich Corporate Social Responsibility: „Weil es wichtig ist, sich nicht nur im eigenen ‚Saft' zu bewegen. Man muss sich von Leuten Inputs holen, die mehr Erfahrung in anderen Branchen haben, um nachhaltig erfolgreich zu sein."

Die Qualität eines Unternehmens sei zudem von den Mitarbeitern abhängig. „Geht es den Mitarbeitern gut, geht es dem Unternehmen gut! Die Aufgabe ist, zu analysieren, was die Menschen und somit auch das Geschäft weiterbringt."

In Krisenzeiten sind Familienunternehmen eher in der Lage, Mitarbeiter zu halten anstatt diese sofort zu kündigen. „Wir haben 71 % Frauenanteil im Fachbereich Reinigung, im Gegensatz zu 40 % in der restlichen Wirtschaft. Es ist also eine Auffangbranche, ein gesellschaftliches Auffangbecken, weil man als angelernte Arbeitskraft in der Reinigung beginnen kann."

Manager mit profunder Expertise

Managerinnen und Manager mit großer Expertise werden bevorzugt, um mit den gesellschaftlichen Entwicklungen Schritt halten zu können. „Das Leben und der Markt verändern sich permanent, die demographische Entwicklung ist ein wichtiges Thema. Sharing-Modelle, Globalisierung, Internet – alles ist vergleichbar, nichts ist mehr fix", so Ursula Simacek. Laut der Unternehmerin zeichnen sich externe Manager, die im Besitz von Unternehmensanteilen sind, zudem durch eine höhere Bindung an den Betrieb aus.

Machen was man kann

Was die Mitarbeit im Familienbetrieb betrifft, so hat Ursula Simacek eine klare Meinung: „Jeder soll das machen, was er wirklich gut kann. Ich halte es für gefährlich, wenn man glaubt, alles machen zu müssen, nur weil man Familienmitglied ist und sich Themen aufbürdet, für die man nicht ausgebildet ist."

Die Schnittstelle zwischen Familie und Unternehmen sieht Ursula Simacek sehr sachlich: „Ich unterscheide bewusst zwischen Geschäftlichem und Privatem. Geschäft ist Geschäft und privat ist privat!" Bei der Familienführung liegt für die Unternehmerin der Schlüssel zum Erfolg im Fingerspitzengefühl und in der Empathie. „Wir sind ein relativ kleiner Familienverband von fünf Personen – Schwester, Mutter, Tante, Tochter und ich."

Aufsichtsrat ohne Familienmitglieder

Der Aufsichtsrat des Unternehmens ist ausschließlich mit externen Personen besetzt – „strategisch und international", wie Ursula Simacek betont. „Es geht uns darum, andere Meinungen zu hören und andere Sichtweisen aufgezeigt zu bekommen, vor allem in Bezug auf strategische Geschäftsfelder und Märkte, die für unser Unternehmen von Interesse sind. Wir sind in sechs Ländern tätig und haben uns für einen professionellen Aufsichtsrat, der einen Mehrwert für uns generiert, entschieden."

Konflikte sind fruchtbar

Konflikte sieht die Unternehmerin positiv, wenn sie auf sachlicher Ebene ausgetragen werden. „Prozess- und Sachkonflikte können Unternehmungen weiterbringen und sollen auch gar nicht vermieden werden. Unproduktiv ist, wenn alles im Konsens geschieht, es keine Widerrede gibt und alles einfach durchgewunken wird. Das ist Stagnation pur."

Aus- und Weiterbildung sind ein Muss

Aus- und Weiterbildung sind bei Simacek ein großes Thema: „Unser Erfolg hängt davon ab, wie erfolgreich wir unsere Mitarbeiter ausbilden." Da die Kompetenz und das Know-how der Mitarbeiter für Ursula Simacek der Schlüssel zum Erfolg sind, werden berufsbegleitende Studien für Führungskräfte sowie handwerkliche Ausbildungen angeboten. Großes Augenmerk wird auch auf die Weitergabe von Wissen gelegt. „Wenn wir heute in Rumänien etwas aufbauen, dann müssen die Prozesse hier und dort funktionieren."

Die Führungskräfte absolvieren jährlich ein verpflichtendes Diversity-Training. „Da geht es beispielsweise um die Themen Familie und Beruf, die demographische Entwicklung, Altersdiskriminierung oder Gesundheit. Im ersten Jahr war das Thema ‚Stärkung der interkulturellen Kompetenz' – und es wurde sehr gut angenommen." Bei geringqualifizierteren Mitarbeitern geht es vor allem um die Möglichkeit der Höherqualifizierung, um Basisbildung sowie Sprachförderung.

Nachfolge mit internationalem Wissen ausstatten

Die Frage der Nachfolge sieht Ursula Simacek gelassen: „Es würde mich natürlich freuen, wenn sich meine Tochter ins Unternehmen einbringt, aber wenn sie dies nicht möchte, ist das ihre Entscheidung." Ihr Rat an die nächste Generation ist es, zuerst Erfahrungen in anderen Unternehmen zu sammeln und zu lernen wie diese arbeiten und erst danach in den familiären Betrieb einzusteigen. „Mich interessiert, wie die ganz großen Dienstleistungsunternehmen in den USA oder in Frankreich ‚ticken' – solche Erfahrungen sind ein großer Mehrwert für uns", so die Unternehmerin. Für Ursula Simacek sind eine nachhaltige Unternehmenspolitik sowie zufriedene Kunden und Mitarbeiter die wesentlichen Eckpfeiler für ein zukunftsfähiges Familienunternehmen.

Christoph Wirl

Mit Stabilität
zum nachhaltigen Erfolg

Christoph Wirl (Herausgeber Magazin „Training")

Mit Stabilität zum nachhaltigen Erfolg

Der Herausgeber des Magazins „Training" Christoph Wirl
im Interview mit Dr. Christian Fuchs, MBA, CSE

Experte für Familienverfassungen

Die Familienverfassung ist eine Vereinbarung, die das Verhältnis Familie und Unternehmen regelt. Warum das wichtig ist und was sie beinhaltet, weiß Christian Fuchs. In Familienunternehmen gibt es häufig ernste Diskussionen und Auseinandersetzungen über Themen wie Nachfolge, Funktionen im Unternehmen, Ausschüttung oder langfristige Ausrichtung. Diese Debatten sind für Unternehmen und Familie sehr belastend und können zur Krise führen. Es bedarf eines Regelwerks, das ganz klar diese Punkte behandelt und auch einen Wegweiser für Konflikte zur Verfügung stellt. All dies findet dann seinen Wirkungsbereich in der individuellen Familienverfassung. Experte Christian Fuchs – Jurist, Unternehmensberater und Business Coach – über Risiken und Chancen für Familienbetriebe.

Herr Fuchs, was genau versteht man unter einer Familienverfassung?
Christian Fuchs: „Die Familienverfassung ist eine von allen Mitgliedern einer Unternehmerfamilie gemeinsam ausgearbeitete und im Konsens beschlossene schriftliche Zusammenfassung von Absichten, Zielen, Werten, Regeln und Verhaltensnormen. Sie erfasst vor allem die Rolle der Familie im Unternehmen, deren Rechte und Pflichten sowie Verhaltensregeln für den Umgang mit Familien- und Unternehmensangelegenheiten."

Was ist daran besonders wichtig?
Christian Fuchs: „Die Familie und das Unternehmen müssen sich im Einklang befinden. Die größten Gefahren in Familienunternehmen sind die beginnende Entfremdung, Nachfolgeregelungen und schwelende Konflikte. Unternehmerfamilien sollen nicht warten, bis der sprichwörtliche ‚Hut brennt'. Eine gute und auf die Familie und das Unternehmen abgestimmte ‚Family Business Governance', die individuelle Familienverfassung, wirkt präventiv und lässt Konflikte erst gar nicht entstehen, und alle Kräfte konzentrieren sich auf das Wohl des Familienunternehmens und damit auch auf die handelnden Personen.

Fakt ist, dass etwa 67 % der Familienbetriebe von der ersten in die zweite Generation und knappe 37 % von der zweiten in die dritte Generation übergeben werden. Nicht einmal 5 % schaffen es von der dritten zur vierten Generation. Es gilt, rechtzeitig und präventiv die Regeln für Familie und Unternehmen in einer Familienverfassung festzulegen."

Was ist das größte Risiko bei Eigentümerunternehmen?
Christian Fuchs: „Fast jeder hat sie in den 80er-Jahren am Bildschirm verfolgt: die Intrigen von J. R. Ewing gegen den Rest des Familienclans. Doch wer sich für Familienfehden interessiert, braucht gar nicht ins entfernte Texas zu schauen. Auch vor der eigenen Haustür, bei

österreichischen und deutschen Familienunternehmen, kracht es immer wieder. Die Liste mit Beispielen ist lang. Bahlsen bricht 2001 nach einem 15-jährigen Streit in der Eigentümerfamilie in zwei Firmen auseinander. Auseinandersetzungen in der Familie Herz belasten das Kaffee-imperium Tchibo.

‚Familien haben generell ein großes Konfliktpotenzial', sagt Professor Fritz B. Simon vom Lehr-stuhl für Führung und Organisation von Familienunternehmen an der Universität Witten/Her-decke. Familienunternehmen brauchen nicht nur eine Unternehmensstrategie. Sie brauchen auch eine Familienstrategie."

Warum gibt es so ein hohes Streitpotenzial?

Christian Fuchs: „Der häufig existenzgefährdende Zwist der Eigentümerfamilien hat fast im-mer die gleichen Ursachen: Im Laufe der Zeit wächst die Unternehmerfamilie und damit auch die Entfremdung der einzelnen Mitglieder untereinander und zur Firma. Die Interessen entwi-ckeln sich immer weiter auseinander. Die Entfremdung ist die größte Gefahr. Neid, Missgunst und Geschwisterrivalität bestimmen die Handlungen.

Großes Konfliktpotenzial birgt zudem die Übergabe einer Firma an die nächste Generation. Der Senior kann nicht loslassen, rechtfertigt seine Intervention mit immer neuen Argumen-ten wie etwa der aktuell schlechten Konjunktur, der gedämpften Branchensituation oder einer jüngst getätigten Akquisition. Sätze wie ‚gerade jetzt ist es wichtig, die Zügel noch einige Zeit in der Hand zu halten' verhärten die Fronten zwischen Junior und Senior manchmal über Jahre. ‚Die Streitenden entscheiden nicht mehr sachlich, sondern nur noch emotional', sagt Familien-forscher Fritz B. Simon.

Damit nicht genug: Häufig erkennen die Familienmitglieder die Gefahren nicht, die von ihrem Verhalten ausgehen. Man verfährt nach dem Motto: Wir werden uns schon einigen, schließlich sind wir ja eine Familie. Als Folge werden die Konflikte nicht beseitigt, schwelen über Jahre und gefährden die Existenz der Firma. Streit unter den Gesellschaftern ist zweifellos der größte Wertvernichter in Familienunternehmen. Experten kennen die Symptome einer nicht mehr funktionierenden Familienkultur genau. Einzelne Mitglieder fühlen sich übergangen, andere weigern sich etwa aus Zeitgründen, den Rest der Familie über die eigenen Entscheidungen zu informieren. Absprachen über die Kompetenzen fehlen ebenso wie Regeln für den Fall, dass einer in der Familie seine Aufgaben nur unzureichend erfüllt. Vor allem aber Streit innerhalb der Gesellschafter im Beisein von Dritten – etwa Mitarbeitern oder Führungskräften – gilt als höchstes Alarmsignal."

Wie können Familienunternehmen trotzdem langfristig erfolgreich bleiben?

Christian Fuchs: „Eigentümerunternehmen denken in der Regel in Generationen, während Manager und Aktionäre von Publikumsgesellschaften auf Quartale und kurzfristige Ergebnisse ausgerichtet sind und, auch erfolgsgetrieben von dritter Seite, sein müssen. Bei Familienunter-nehmen werden die Systeme ‚Familie' und ‚Unternehmen' über das ‚Eigentum' verknüpft. Diese

Verbindung wirkt sich vorteilhaft aus und schafft einen entscheidenden Wettbewerbsvorteil. Der wichtigste Schritt ist es, zunächst die Interessen der Familie zu klären und zu definieren. Erst dann können Sachfragen diskutiert werden. Sind die akuten Zwistigkeiten geklärt und bereinigt, gilt es, mit Hilfe klarer Regeln – der ‚Family Governance' – Lösungswege für künftige Konflikte und das Verhalten der Gesellschafter zu formulieren. In dieser Charta, die den gleichen Status wie der Gesellschaftervertrag besitzen sollte, werden Dinge geregelt wie der Ausschüttungs- und Vergütungsmodus. Aber auch die Frage, ob die Familie künftig operativ oder lediglich aus der Gesellschafterposition heraus tätig sein will, wird beantwortet. Daraus folgend sollten auch die Erwartungen an externe Führungskräfte formuliert werden, falls diese zum Einsatz kommen. Um den Zusammenhalt der Familie langfristig zu festigen, schlagen Experten feste Institutionen wie den Familientag, den Familienrat oder das ‚Family Office' vor."

Wie schaut eine Familienverfassung konkret aus?
Christian Fuchs: „Bei der Erarbeitung der Familienverfassung – ‚Family Business Governance' – werden natürlich Fragen in Bezug auf das Unternehmen, die Familie und das Eigentum eingehend und zukunftsorientiert behandelt. In vielen Unternehmerfamilien sind die Gesellschafter im Betrieb tätig bzw. führen diesen auch. In diesem Zusammenhang sind Fragen zur Beteiligung der Familie an der Führung des Unternehmens zu regeln. Ebenso Kompetenz- und Legitimationsfragen, die Beteiligung externer Geschäftsführer und vor allem die Regelung der Führungsnachfolge sind Themen, die Familienunternehmen beschäftigen.

Das Thema ‚Eigentum' birgt immer wieder Konfliktpotenzial in sich, wenn es unter anderem um unterschiedliche Auffassungen über Stabilitäts-, Rentabilitäts-, Wachstums- und Liquiditätsziele geht. Bei der Erstellung der Familienverfassung werden auch all jene Fragen aufgeworfen, die die typischen Spannungs- und Konfliktfelder der Familie betreffen. Es geht darum, den Zusammenhalt der Familie zu gewährleisten und das konstruktive Zusammenspiel der Generationen zu ermöglichen. Neben dem Leitbild für das Unternehmen ist es unabdingbar, auch die Werte und Ziele für die Familie zu erarbeiten. Die Familienverfassung bietet fundierte Stabilität für die Zukunft und ist ein solider Garant für den Bestand des Familienbetriebs über Generationen."

Peter Lemmerer

Familienbezogene Werte müssen verstärkt in den Mittelpunkt der Marktkommunikation rücken

Peter Lemmerer (Werbeagentur WerbeConnection)

Familienbezogene Werte müssen verstärkt in den Mittelpunkt der Marktkommunikation rücken

Interview mit Dipl. Komm. Kfm. Peter Lemmerer (Werbeagentur WerbeConnection)

Traditionell und am Puls der Zeit

Peter Lemmer hat mehr als 30 Jahre Erfahrung im Bereich Werbung und Marktkommunikation und ist Inhaber der Werbeagentur WerbeConnection. Mit seinem Team entwickelt er individuelle Marketinglösungen für B2B- und B2C-Kunden mit den Schwerpunkten Konzeption, Gestaltung und Produktion – von der Point of Sale- und Messewerbung über Corporate Design und Textierung bis hin zu Onlinemarketing. Die Werbeagentur WerbeConnection ist ein verlässlicher und kreativer Partner sowohl für klassische als auch digitale Medien. Die Betreuung von Familienunternehmen nimmt eine zentrale Stelle ein.

Herr Lemmerer, seit über 30 Jahren beschäftigen Sie sich mit Zielgruppenmarketing. Was gibt es dabei zu beachten und wo liegen die Besonderheiten?
Peter Lemmerer: „Je genauer ein Unternehmen seine Zielgruppe kennt, desto einfacher ist es die richtigen Marketingmaßnahmen bzw. den richtigen Marketingmix, abgestimmt auf die jeweilige Zielgruppe, auszuwählen und umzusetzen.

Die essentielle Frage des Zielgruppenmarketings lautet: ‚Wer sind meine Zielgruppen?'. Zur Segmentierung von Zielgruppen werden verschiedene Kriterien herangezogen. Man unterscheidet demographische Kriterien wie Alter und Geschlecht, sozioökonomische Merkmale wie Beruf und Einkommen, geographische Merkmale wie Staaten und Gemeinden, psychographische Kriterien wie Lebensstil und Einstellungen sowie verhaltensorientierte Kriterien wie Preis- und Mediennutzungsverhalten.
Sind die Zielgruppen segmentiert lautet die nächste Frage: ‚Wie erreiche ich meine Zielgruppen am besten?'. Unternehmen sollten immer jene Kanäle favorisieren, die von ihren potentiellen Zielgruppen am häufigsten frequentiert werden. Das Spektrum reicht dabei von Newslettern und Webseiten, über Suchmaschinen- und Social-Media-Marketing bis hin zu Printwerbung und PR. Bei der Wahl des passenden Marketingmix müssen auch die Erwartungen der Zielgruppe beachtet werden. Die Preisgestaltung sollte sich beispielsweise an den Vorstellungen der Kunden orientieren und die Kommunikationsstrategie, den vom Kunden erwarteten Nutzen betonen.
Durch regelmäßiges Wiederholen von Zielgruppenanalysen und Marktforschungsaktivitäten lassen sich die Marketingmaßnahmen sukzessive anpassen."

Gelten bei Familienbetrieben andere Zugänge zum Marketing und zur Werbung und wenn ja, was gibt es dabei zu beachten?
Peter Lemmerer: „Vertrauen ist ein wesentlicher Aspekt bei der Kaufentscheidung. Neuartige Produkte und Dienstleistungen erleben sehr häufig eine höhere Akzeptanz, wenn diese

Familienwerte kommunizieren. Der Grund dafür ist, dass Familie mit Vertrauen, Seriosität und Authentizität assoziiert wird. Familie steht für Tradition, Geborgenheit, Qualität, Glaubwürdigkeit, Nachhaltigkeit und Generationen.

Familienunternehmen sollten daher bei ihrer Marktkommunikation ganz gezielt auf die Betonung dieser positiv besetzten Familienwerte achten. Neben dem Geschäftsführer und der Unternehmerfamilie, kann auch mit den eigenen Mitarbeitern geworben werden. Wichtig ist es den gewählten Ansatz von Print über Onlinewerbung bis hin zur Produktverpackung durchzuziehen. Marke, Markenbotschafter und die zu vermittelnden Werte müssen eine Einheit bilden. Ich würde nur bei Zielgruppen, denen gänzlich andere Werte wichtig sind, zur Wahl einer anderen Marketingstrategie raten.

Was Familienunternehmen in der Werbung sonst noch von Konzernen unterscheidet, ist, dass die Markenführung häufig nicht so stark professionalisiert ist und die Werbebudgets sehr oft viel geringer ausfallen. Durch die Betonung der zuvor genannten Familienwerte kann dies aber effizient ausgeglichen werden."

Familienbetrieben wird immer der Hang zum luxuriösen Leben nachgesagt.
Gilt das auch für den Bereich Marketing und Werbung?
Peter Lemmerer: „Ich bin seit mehr als drei Jahrzehnten selbständig in der Marketing- und Werbebranche tätig und arbeite sowohl mit Groß- als auch mit Familien- und Kleinbetrieben zusammen.

Meine Erfahrungen aus der Zusammenarbeit mit Familienbetrieben können die Behauptung ‚Familienbetrieben wird immer der Hang zum luxuriösen Leben nachgesagt' keinesfalls bestätigen. Ich habe Familienbetriebe bisher immer als sehr reflektiert, bescheiden und verantwortungsvoll erlebt.

Familienbetriebe entscheiden sich meist ganz bewusst für oder gegen eine bestimmte Marketingstrategie oder Werbemaßnahme. Sie legen großen Wert darauf, dass die gesetzten Werbemaßnahmen zum Unternehmen bzw. der Unternehmenstradition passen und eine nachhaltige Wirkung haben. Familienunternehmen haben bei Werbung und Marketing ein sehr gutes Gespür was zu ihnen passt. Sie sind jedoch neuen Vorschlägen und neuen Wegen gegenüber ebenfalls aufgeschlossen – dies trifft vor allem auf die jüngere Generation zu."

Bei größeren Publikumsgesellschaften werden Entscheidungen über Marketing und Werbung
sehr oft von langer Hand geplant. Sehen Sie dies auch bei Familienbetrieben und reden dort
auch so viele Personen mit?
Peter Lemmerer: „Die Zusammenarbeit mit Familienbetrieben in Marketing- und Werbeangelegenheiten ist partnerschaftlich und erfolgt sehr häufig direkt in Abstimmung mit den Marketingverantwortlichen und den Eigentümern selbst. Man begegnet sich auf Augenhöhe und mit gegenseitiger Wertschätzung. Genauso wie ich als Werbeagentur mit meinen Partnern lang-

fristig zusammenarbeite, so setzen auch Familienunternehmen auf langfristige Kooperationen mit ihren gewählten Agenturen.

In Familienunternehmen werden Marketing- und Werbemaßnahmen meist strukturiert geplant und implementiert. Die Entscheidungsprozesse und -kompetenzen sind klar definiert. Entscheidungen werden häufig im Team getroffen, wobei die Führungsspitze gerne auf interne Ratgeber hört. Ich erlebe es immer wieder, dass in Familienbetrieben anstehende Entscheidungen weitaus schneller getroffen werden, als in Großbetrieben. Die Kommunikation ist effizient, offen und direkt. Die Mitarbeiter schreiben der Unternehmensspitze eine hohe Entscheidungsqualität zu. Im Gegenzug dazu vertraut diese ihren Mitarbeitern die Umsetzung der getroffenen Marketing- und Werbemaßnahmen an."

Was sind Ihre Empfehlungen an Familienbetriebe?

Peter Lemmerer: „Da Familienunternehmen als besonders vertrauenswürdig gelten und Vertrauen ein besonders kaufentscheidender Faktor ist, sollten Familienbetriebe die Eigentümer bzw. familienbezogene Werte verstärkt in den Mittelpunkt ihrer Marktkommunikation rücken. Denn für die Kunden zählen neben Preis und Markenstärke vor allem die Werte Vertrauen und Seriosität.

Familienbetriebe sind häufig ‚Generationenbetriebe'. Meist will die junge Generation rasch neue Ideen umsetzen, während die ältere Generation eher zurückhaltend ist. In Zeiten von Digitalisierung und steigendem Innovationsdruck rate ich Familienbetrieben auch bei Marketing und Werbung eine gewisse Veränderungsbereitschaft zu zeigen und Neues auszuprobieren. Es ist wichtig, dass sich auch Familienunternehmen bis zu einem gewissen Grad immer wieder neu erfinden, sich an neue Marktgegebenheiten anpassen und neue Geschäftsmodelle entwickeln, damit sie langfristig erfolgreich bleiben."

Josef Fritz

Zeitwende in Familienunternehmen – der Beirat

Josef Fritz (Board Search GmbH)

Zeitwende in Familienunternehmen – der Beirat

Gastbeitrag von Dr. Josef Fritz (Board Search GmbH)

Der Doyen, wenn es um Beirat und Aufsichtsrat geht

Josef Fritz ist promovierter Jurist und hat bereits zu Beginn seiner beruflichen Laufbahn in der ersten Führungsebene der zweitgrößten Bank Österreichs Karriere gemacht. Danach war er über 20 Jahre im Topmanagement verschiedener Unternehmen als CEO, CFO bzw. Geschäftsführer tätig. Sein umfangreiches Wissen über Aufsichtsräte – sowohl national als auch international – resultiert aus mehr als tausend Aufsichtsrats-, Beirats-, Vorstands-, Syndikats- und Stiftungssitzungen sowie Haupt- und Generalversammlungen und Boards der letzten 30 Jahre. Seit dem Jahr 2013 ist Josef Fritz geschäftsführender Gesellschafter der Board Search GmbH. Zudem ist er Fachautor, Key-Note-Speaker, Moderator, Veranstalter des „Forum Aufsichtsrat" und Initiator der im Jahr 2015 weltweit erstmals durchgeführten „Aufsichtsrats-Gala", die die Leistungen von österreichischen Aufsichtsräten würdigt.

Der Markt verlangt Veränderungen

Vor einigen Dekaden war es ausschließlich Familienmitgliedern vorbehalten, in die Geschäftsleitung ihres Familienunternehmens aufzusteigen. Zum ersten Umbruch kam es vor etwa 25 Jahren. Familienunternehmen bestellten Externe in die Geschäftsführung und machten damit beste Erfahrungen. Waren es zu Beginn Kaufleute, so lernte man rasch auch die Vorzüge von Technikern, Marketingexperten und anderen Kapazitäten in der Geschäftsführung schätzen. Diese Persönlichkeiten fügten sich so gut wie nahtlos in die DNA der Familie ein.

Die weiter zunehmende Globalisierung, aber vor allem die Digitalisierung bringt auch für Familienunternehmen erhebliche Änderungen. So erfahren Geschäftsmodelle, die sich über Jahrzehnte bewährt haben, Umsatzrückgänge und erodierende Margen. Produkte, die sich in einem Markt gut verkaufen, werden nur wenige hundert Kilometer davon entfernt nicht nachgefragt. Gestiegene Kundenanforderungen, höhere Qualitätsansprüche und Wettbewerber, die oft nur einen Mausklick entfernt sind, verschärfen die Situation. Disruptive Erscheinungen bedrohen langjährig Gewachsenes und Etabliertes. So steht oft das gesamte Geschäftsmodell am Prüfstand.

Aus zahlreichen Gesprächen mit gestandenen Familienunternehmern weiß ich, dass die Herausforderungen sehr groß sind. Die Managementantworten darauf sind dem "klassischen Repertoire" zuzuordnen: Änderung der Aufbauorganisation, Änderung der Ablauforganisation, Kosteneinsparungen, Restrukturierung, Umschichten von Investitionsmitteln und ähnliche traditionelle Ansätze. All das kostet unglaublich viel Energie, Zeit und Geld und ist zudem sehr aufwändig.

Die gute Nachricht: Es gibt eine Lösung und diese ist **einfach, preiswert, effizient, kurzfristig umsetzbar** und **risikolos**.

Der Beitrat als Wettbewerbsvorteil

74 % der deutschen Familienunternehmen verfügen über einen Beirat und haben damit seit vielen Jahren beste Erfahrungen gemacht. Anders als ein Aufsichtsrat, der durch zahlreiche gesetzliche Regelungen einem strengen Reglement unterworfen ist, kommt einem Beirat weitgehende Gestaltbarkeit und Formfreiheit zu.

Unternehmer zeichnet aus, dass sie Vision mit einem ausgeprägten Geschäftssinn sowie großer Kundennähe verbinden. Ihr Wirken ist durch Tun und nicht durch Unterlassen geprägt. Diesen Vorzügen steht aber häufig eine Beratungsaversion gegenüber. Und dennoch liegt genau darin ein wesentlicher Ansatz. In Zeiten des Umbruchs brauchen Unternehmer Persönlichkeiten, die sie als Ratgeber unterstützen. Dabei kommt dem Adjektiv „unabhängiger" Berater neue, wichtige Qualität zu. Abhängige Ratgeber gibt es zuhauf. Die unabhängigen Ratgeber sind jedoch wertvoll und rar.

Rat geben als Erfolgsfaktor

Vertrauen braucht Augenhöhe und Rat geben braucht Unabhängigkeit. Um als authentischer Beirat fungieren zu können, ist eine gewisse Distanz opportun. Nähe verstellt den Blick, eine zu große Entfernung lässt Details und wichtige Zusammenhänge missen. Den Beirat zeichnet besonders aus: **Best Advice, Coach, Sparringspartner, externe Sichtweise, Mediator, Navigator, Nachhaltigkeit, Diversität, Advocatus Diaboli, konstruktiver Ratgeber.**

Best Advice

Beim Rat geben kommt es nicht darauf an, Befindlichkeiten und Meinungen zu äußern. Die Kunst des Beirates als Wissensmanager besteht darin, mit wertvollen Ratschlägen zu bereichern. Das Ziel ist die bestmögliche Entscheidungsfindung. Beiräte können als Katalysator dringend benötigte Veränderungen und Anpassungen einleiten und bewirken. Die Königsdisziplin für einen Beirat ist das Verhindern von Fehlentwicklungen. Aber niemand möchte die Rolle der „Kassandra vom Dienst" beziehungsweise des „ewigen Nörglers" einnehmen. Der Argumentation „wie etwas nicht geht", wohnt nichts Konstruktives inne. Rat geben basiert auf Kompetenz und eigenen Erfahrungen und wird sich so Gehör verschaffen.

Coach

Ein guter Beirat sieht seine Rolle im Gremium ähnlich der eines Trainers im Sport. Er selbst ist nicht auf dem Spielfeld – das ist der Unternehmer, die Familie bzw. die Geschäftsführung. Der Beirat agiert aus der Coaching-Zone. Der Coach kann mit unterschiedlichen Persönlichkeiten umgehen. Je nach Spielsituation wird er die Offensive durch das Einwechseln eines weiteren Stürmers empfehlen oder bei komfortabel in Führung liegender Mannschaft raten, das Ergebnis durch das Einwechseln von Defensivkräften abzusichern. Der Coach beobachtet, analysiert und begleitet das Team.

Sparringspartner

Beiräte, die ausschließlich über die Beziehungsebene bestellt werden, sind als Sparringspartner ungeeignet. Um als solcher agieren zu können, braucht es Kompetenz und Erfahrung, die vom jeweils anderen auch so gesehen und wertgeschätzt wird. „3 F-Bestellte" (family, friends and fools) können nicht auf Augenhöhe agieren. Entweder sind sie angepasst oder aggressiv bis dominant. Innerhalb von Familien lässt sich das oft erkennen. Mehrere Geschwister, die in einem Unternehmen in der Geschäftsführung tätig sind, können selten auf Dauer gemeinsam erfolgreich sein. Die Ausnahme ist, wenn Geschwister sehr komplementäre Fähigkeiten in unterschiedlichen Organisationseinheiten einbringen. Bestehen bereits Spannungen und wechselt ein Familienmitglied aus dem Vorstand in einen eingerichteten Aufsichtsrat, so wird das Problem dadurch nicht gelöst, sondern meist sogar noch vergrößert. Professionelle Beiräte agieren als Partner auf Augenhöhe. Mit ihnen können geschäftliche Debatten und Verhandlungen leichter geführt werden.

Externe Sichtweise

Unternehmer stehen mit beiden Beinen im Business. Ihre Arbeitswoche hat oft bis zu 80 Stunden und mehr. Auch in der sogenannten Freizeit sind sie gedanklich im Unternehmen. Beiräte sind gefordert, dieser starken Fokussierung eine weitere Perspektive hinzuzufügen. Nicht das Zählen der einzelnen Bäume, sondern die Betrachtung des Waldes wird wertschätzend eingebracht. Die Mühen des Tagesgeschäftes führen häufig dazu, dass das Dringende vor dem Wichtigen erledigt wird. Beiräte können als externe Impulsgeber Unternehmen bereichern und helfen, Sichtweisen wie auch Prioritäten zu ordnen. So kann Druck weggenommen werden.

Mediator

Familienunternehmen in jahrelanger Harmonie ohne Divergenzen sind mir nicht bekannt. Ein sehr versierter Unternehmer brachte seine Erfahrungen auf den Punkt: Familien wachsen schneller als Unternehmen. Unternehmer sind Alphatiere und viele von ihnen sind erklärte Einzelkämpfer. Besonders in Familienunternehmen kommt der Nachfolgeplanung eine bedeutende Rolle zu. Bei der Auswahl der richtigen Strategie ist auch die Sichtweise der Externen gefragt. Bei divergierenden Meinungen innerhalb von Familienunternehmen ist es ratsam einen Mediator beizuziehen.

Generationenübergang

Anlässlich einer Aufsichtsratstagung in Deutschland lernte ich den Eigentümer eines namhaften Markenunternehmens kennen. Seine Frau war schon vor Jahren verstorben, die Ehe war kinderlos geblieben. Wohlmeinende Freunde rieten ihm schon viele Jahre zuvor, einen Beirat im Familienunternehmen einzurichten.

Als starke Unternehmerpersönlichkeit wollte er weder Dritten Einblick in sein Unternehmen gewähren noch Macht teilen. Alleine die Vorstellung, einem Gremium Kontrollrechte einzuräumen und zu „rapportieren", erschien ihm unmöglich. Nach längerem Nachdenken und Abwägen fasste er dann doch den Entschluss, einen neuen Beirat zu gründen. Der Ratschlag, in die abgeänderte Satzung nur wenige, maßgebliche Unternehmensentscheidungen aufzunehmen und dem neuen Beirat ganz gezielte Aufgaben, insbesondere auch für den Todesfall zuzuordnen, erwies sich als weise.

Der neu etablierte Beirat wurde zwar ähnlich einem Aufsichtsrat, aber eben bewusst als fakultatives und beratendes Gremium, ausgestaltet. Rat geben stand und steht im Vordergrund und nicht das Aufsicht führen. Mit der Besetzung von fünf unabhängigen Mitgliedern, die unterschiedliche Know-how-Felder abdeckten, erfolgten strategische Weichenstellungen. Die ungerade Anzahl an Mitgliedern verhinderte Entscheidungs-Pattstellungen. Die Lebensgefährtin des Eigentümers hatte das Recht, aber auch die persönliche Pflicht, an allen Beiratssitzungen teilzunehmen. Sie war somit in das Firmengeschehen eingebunden. Banker wurden von der Aufnahme in den Beirat ausgeschlossen.

Der Gründer erzählte mir, dass sich diese Beiratskonstruktion zu seiner vollsten Zufriedenheit bewährt hat. Für den Fall seines Ablebens sind bereits alle maßgeblichen Unternehmens- und Personalentscheidungen, auch auf nicht Geschäftsleiterebene und bei Auslandsgeschäftseinheiten, vorbereitet und getroffen. In diesem Fall wandelt sich der Beirat unmittelbar und ohne weitere rechtliche Schritte in einen Aufsichtsrat um. Dieser hat mit professioneller, externer Hilfe sofort eine zweiköpfige Geschäftsführung, gemäß den bereits sorgfältig vordefinierten Anforderungsprofilen, mit besonderem Fokus auf die Werte-Ebene, auszuwählen und zu bestellen. Bei den Werten wird darauf geachtet, dass diese im Einklang mit den Unternehmenszielen stehen. Das Wertebild der neuen Geschäftsleiter hat auch den Kriterien der Nachhaltigkeit zu entsprechen, es muss weiter auf soziale, das heißt auf Menschen ausgerichtete Unternehmensführung abstellen. Somit ist für den „Fall der Fälle" alles vorbereitet.

Fazit

Mit einem neu eingerichteten Beirat können Unternehmer Zukunft bewirken. Das Familienunternehmen trennt im Rahmen einer, eventuell neu zu schreibenden, Familienverfassung das Familienbewahrende und Essentielle vom Beirat. Im Gesellschaftervertrag behält sich die Familie alles Entscheidende wie Unternehmensbestand, Verkauf, Eingehen und Abgeben von Beteiligungen, Kreditaufnahmen, Aufnahme und Abgabe von Geschäftsfeldern sowie das Eingehen von Allianzen vor. Weise ist es, die Anzahl dieser Grundsatzentscheidungen auf das wirklich Wichtige zu limitieren.

Dem Wahr werden des Zitates „you never take advice, someday you´ll pay the price" kann mit einem Beirat wirksam begegnet werden!

Schlussfolgerungen
und Empfehlungen

Schlussfolgerungen und Empfehlungen

Familienunternehmen in ein festes Korsett zu zwängen ist ein Unterfangen, dass zum Scheitern verurteilt ist. Die Betriebe sind so unterschiedlich wie die agierenden Persönlichkeiten, die diese mit Leben und Substanz erfüllen.

Gemeinsamkeiten finden sich jedoch im unternehmerischen Handeln, das geprägt ist vom Streben nach Nachhaltigkeit und Stabilität, gepaart mit Mut zur Veränderung und Offenheit gegenüber Neuem. Darüber hinaus bekennen sich die Familienbetriebe zum „gesunden Wachstum". Das Setzen auf kurzfristige Erfolge sowie Quartalsdenken, wie häufig von börsennotierten Kapitalgesellschaften praktiziert, lehnen Familienunternehmen jedoch kategorisch ab. Sie denken „adelig" – in Generationen. Das Unternehmen wird sehr oft als erweitertes Familienband zwischen Brüdern, Schwestern und Mitarbeitern gesehen.

Es zeigt sich jedoch, dass die Erfolgsparameter nicht immer so intensiv und umfassend gelebt werden, wie diese proklamiert und eingefordert werden, auch wenn das dafür notwendige Bewusstsein vorhanden und geschärft ist.

Klare, offene und geradlinige Kommunikation, getragen von wechselseitiger Wertschätzung, sollten für ein respektvolles Miteinander innerhalb der Familie und mit der Belegschaft sorgen. Dieser Umgang gibt den Familienbetrieben die notwendige Kontinuität und Stabilität, um Konflikten effizient entgegenwirken zu können.

Ein Pflichtenheft für erfolgreiche Familienunternehmen basiert auf denselben Parametern wie jenes für Familien, die diese Betriebe prägen. Die guten Unternehmen unterscheiden sich von den schlechten nicht dadurch, dass sie keine Probleme haben, sondern dass sie es verstehen mit ihnen besser umzugehen und diese effizienter zu lösen.

Die Kernaussagen des Buches lassen sich in fünf klar strukturierte Punkte – „Leuchttürme" – zusammenfassen. Das Symbol des Leuchtturms wurde gewählt, um die Wichtigkeit der einzelnen Punkte zu unterstreichen. Leuchttürme stehen für stabile Gebäude, die Stürmen und Wellen standhalten, durch ihre Strahlkraft Orientierung geben und so die Navigation zum Ziel erleichtern und Anhaltspunkte über die eigene Lokalisation geben.

Leuchtturm 1
Bekenntnis zur Tradition und Nachhaltigkeit

Familienunternehmen bekennen sich zur Tradition ein Familienbetrieb zu sein und wollen diesen auch erhalten. Ganz wichtig sind ihnen die Werte Vertrauen, Verlässlichkeit, Solidarität, Respekt, Verantwortung, Maßhalten, Fairness und Mut.

Das Ziel ist ausgerichtet auf eine langfristige Unternehmensplanung, die in einer generationsübergreifenden Übergabe mit Wertsteigerung seinen Niederschlag findet.

Leuchtturm 2
Bekenntnis zu Kommunikation und Konfliktmanagement

Kommunikation und Konfliktmanagement sind derart konzipiert, dass eine klare und direkte Sprache den emotionalen Konflikt erst gar nicht aufkommen lässt. Zwistigkeiten in der Familie dürfen keinen Platz in der Firma bekommen. Umgekehrt sollen Firmenangelegenheiten auch nicht ständig die Familie belasten. Die Schnittstellen der beiden Bereiche müssen genau geregelt werden.

Es erweist sich als vorteilhaft, wenn professionelle Regeln für den Umgang mit Konflikten gegeben sind und auch das „Wie" im Umgang mit diesen angesprochen wird.

Der regelmäßige Abstand zum unternehmerischen Alltag soll als Energiequelle für die Erledigung von beruflichen Aufgaben und Herausforderungen gesehen werden.

Leuchtturm 3
Bekenntnis zu klaren Spielregeln und flachen Hierarchien

Die Spielregeln für die Mitarbeit der Familienmitglieder im Unternehmen sind klar definiert und passen zu den flachen Hierarchien, die sich Familienbetriebe gerne selbst auferlegen.

Unbürokratische Kommunikationswege sorgen für Wendigkeit, generieren Zeitvorteile und Ideen und schaffen die nötige organisatorische Flexibilität, um im Wettbewerb erfolgreich bestehen zu können. Schnell, wendig und ideenreich lautet somit die Devise. Dazu gehört auch die Rollenverteilung im Unternehmen selbst, die die Aufgaben im Betrieb zwischen Mitarbeitern und Familienmitgliedern definiert.

Leuchtturm 4
Bekenntnis zur freien Entscheidung, fundierten Ausbildung und rechtzeitigen Übergabe an die junge Generation

Den Kindern wird nicht die Pflicht der automatischen Firmenübernahme auferlegt. Unisono berichten Unternehmerfamilien, dass die Kinder in erster Linie das machen sollen, was ihnen Freude bereitet. Sie sollen selbst entscheiden können in was sie ihr Herzblut stecken möchten. Es besteht somit keinerlei Verpflichtung, der Familienräson entsprechen und den Betrieb ohne Wenn und Aber fortführen zu müssen. Dieser im Unterbewusstsein verankerte Druck fällt weg und die Nachfolgegeneration kann frei entscheiden.

Interessanterweise führt diese liberale Haltung die Jugend viel stärker an das eigene Familienunternehmen heran, als dies mit der althergebrachten und pflichtgetreuen Firmenübergabe der Fall war. Die Erfahrung zeigt, dass der freie Entschluss der Nachfolgegeneration, das Unternehmen weiterhin auf Kurs zu halten, überwiegend gegeben ist.

Einigkeit besteht auch bei der langfristigen Nachfolgeplanung und der damit verbundenen fundierten Ausbildung. Eine an die Ausbildung anschließende Lehr- und Lernzeit in anderen Betrieben, wenn möglich auf internationaler Ebene, erachten Familienbetriebe als überaus förderlich.

Der Elterngeneration sollte auch klar sein, wann der richtige Zeitpunkt zum Loslassen ist, damit die „Schlüsselübergabe" im Sinne der betrieblichen Kontinuität und Stabilität zeitgerecht vollzogen werden kann.

Leuchtturm 5
Bekenntnis zur externen Beratung

Führungskräfte in Familienbetrieben sind nicht beratungsresistent aber teilweise skeptisch, wenn es um das Hinzuziehen von externer Expertise in ihren angestammten Bereichen geht. Externe Berater werden daher meist nur anlassbezogen eingesetzt und müssen gleichzeitig ein hohes Maß an Sensibilität zeigen.

Der externe Beirat, der als Sparringspartner eine ausgezeichnete Unterstützung bieten kann, steht bei heimischen Familienbetrieben derzeit noch nicht so hoch im Kurs wie etwa in anderen Ländern. Dort sind externe Beiräte mittlerweile schon State of the Art geworden. Ähnlich verhält es sich bei internen Kontrollsystemen, Compliance- und Risikomanagement sowie der internen Revision.

Regelungen der familiären Strukturen mittels Familienrat und Familienmanager werden oft erst dann Beachtung geschenkt, wenn konfliktbedingt Anlass dazu geben ist. Die Implementierung solcher organisatorischen Instrumente bewirkt bei Familienunternehmern oftmals ein starkes Gefühl der Erleichterung, verbunden mit berechtigtem Zukunftsoptimismus.

Eine noch höhere Akzeptanz findet nur eine gemeinsam erarbeitete Familienverfassung, in der die entscheidenden Parameter im Sinne aller Beteiligten geregelt werden. Bei der Familienverfassung steht nicht die rechtliche Verpflichtung zur Einhaltung auf Basis eines „contractus est ex attornatus" – Vertrag eines Rechtsanwalts – im Fokus, sondern ein moralisch verpflichtendes Bekenntnis zur Familie und zum Unternehmen.

Quellen

Literatur

Baus Kirsten, Die Familienstrategie.
Wie Familien ihr Unternehmen über Generationen sichern. 4. Auflage.
Wiesbaden: Gabler Verlag

Lueger Frank, **Frank Hermann**, Zukunftssicherung für Familienunternehmen.
Wien: Facultas Verlag

May Peter, Erfolgsmodell Familienunternehmen.
Hamburg: Murmann Verlag

May Peter, Die Inhaber Strategie.
Hamburg: Murmann Verlag

Langbehn Victor, Psychologie für Anfänger. Auflage 05/2018

KMU Forschung Austria, Studie Familienunternehmen in Österreich
Status quo 2013, Wien.
Im Auftrag der wirtschaftspolitischen Abteilung der Wirtschaftskammern Österreich

KMU Forschung Austria, Familienunternehmen in Österreich Status 2017,
Endbericht Wien. Im Auftrag der Wirtschaftskammer Österreich (WKO)

WKO Analyse, Eine Publikation der Stabsabteilung Wirtschaftspolitik 23.5.2018.
Wien: Eigenvervielfältigung

Bunnemann / Zirngibl, Die Gesellschaft mit beschränkter Haftung in der Praxis.
Verlag C.H.Beck München 2011

Christoph Schweiger, Der Vater, der Sohn und die Firma. Re Di Roma-Verlag

Manfred Lueger / Hermann Frank, Wie erfolgreiche Familienunternehmen handeln.
Facultas Verlags- und Buchhandels AG 2012

Koeberle-Schmid / Grottel, Führung von Familienunternehmen.
Erich Schmidt Verlag

Koeberle-Schmid / Fahrion / Witt, Family Business Governance,
Erfolgreiche Führung von Familienunternehmen. Erich Schmidt Verlag

Abbildungen

**Das Dynasty-Prinzip – was über Generationen wächst,
ist zukunftsfähiger**

Beutelmeyer, Werner: market-Institut;
Rahmenfaktoren für den gesellschaftlichen Wandel,
Umfrage F 990, Entscheidungsträger in Familienunternehmen,
Stichprobenumfang n= 436,
Erhebungszeitraum von 9. November bis 5. Dezember 2017,
Methode: CAWI Befragung

Fotorechte

Titelbild: Shutterstock
Portrait Christian Fuchs: Nik Fleischmann
Portrait Werner Beutelmeyer: Nik Fleischmann

Firmengruppe Hasenöhrl (Seite 38), Leo Hillinger GmbH (Seite 42),
Fussl Modestraße Mayr GmbH (Seite 48), Sabine Klimpt (Seite 54),
HappyFoto GmbH (Seite 60), Wieber Schlosserei GmbH (Seite 66),
Manfred Rauscher (Seite 72), Christoph Hilger (Seite 76),
Mark Metallwarenfabrik GmbH (Seite 82), Lercher Werkzeugbau (Seite 86),
Alexandra Hasenöhrl (Seite 92), Felicitas Matern (Seite 98),
Guschlbauer GmbH (Seite 102), WKO (Seite 108),
Anna Stöcher (Seite 114), Schmid Industrieholding GmbH (Seite 120),
Ebner Industrieofenbau GmbH (Seite 126), Biohort GmbH (Seite 132),
Aqila Picture (Seite 138), Christoph Wirl (Seite 144),
Christopher Kerschbaum (Seite 150), Dr. Josef Fritz, Studio Wilke (Seite 156)